BVT

Mit siebzehn verläßt Sarah Wiener ihre Heimatstadt Wien, reist quer durch Europa und gründet in Berlin einen Catering-Service. Der Weg zur berühmten Köchin ist voller Geschichten. Sie bekocht verschiedenste Filmteams, kredenzt Maximilian Schell Palatschinken, ißt mit Tobias Moretti Spaghetti, und dem Verpackungskünstler Christo überreicht sie ein böhmisches Dessert – stilecht in einen blauen Müllsack gewickelt. Ein feines Bändchen voller hinreißender Anekdoten über das Leben der Kultköchin – mit ausgewählten Rezepten wie Wiener Schnitzel, Dampfbuchteln und Beerenfrufru.

Sarah Wiener, geboren 1962, wuchs in Wien als eines von drei Kindern des Schriftstellers Oswald Wiener und der Künstlerin Lore Heuermann auf. Sie betreibt drei Restaurants in Berlin und kocht regelmäßig bei *Lanz kocht* (ehemals *Kerners Köche*). Bei Bloomsbury Berlin erschien 2006 ihr Kochbuch *Sarah Wieners mediterrane Küche.*

SARAH WIENER

SARAH PACKT FÜR CHRISTO EINE LIWANZE EIN

GESCHICHTEN AUS DER KÜCHE

Mit einem Vorwort von Eckart Witzigmann
und Fotos von Fritz von der Schulenburg

Berliner Taschenbuch Verlag

FSC

Mix
Produktgruppe aus vorbildlich
bewirtschafteten Wäldern und
anderen kontrollierten Herkünften

Zert.-Nr. GFA-COC-1223
www.fsc.org
© 1996 Forest Stewardship Council

November 2008
Aktualisierte und ergänzte Taschenbuchausgabe
BvT Berliner Taschenbuch Verlags GmbH, Berlin
Die gebundene Ausgabe erschien 2004 unter dem Titel
Kochen mit Sarah Wiener
bei Bloomsbury Berlin
© 2004 Berlin Verlag GmbH, Berlin
Bloomsbury Berlin
Umschlaggestaltung: Rothfos & Gabler, Hamburg,
unter Verwendung einer Fotografie
von Fritz von der Schulenburg
Druck und Bindung: CPI – Clausen & Bosse, Leck
Printed in Germany
ISBN 978-3-8333-0590-0

www.berlinverlage.de

INHALTSVERZEICHNIS

ZUM GELEIT. VON ECKART WITZIGMANN

Liebe Sarah,
liebe Leserinnen und Leser,

Vorworte sind eine Art emotionaler Geleitschutz: »Sarah packt für Christo eine Liwanze ein«, macht Palatschinken für Maximilian Schell, kocht für Tobias Moretti, Witzigmann schreibt das Vorwort, Leben und Kochen könnte eigentlich so einfach sein …

Ist es aber nicht. Einfach ist am Ende des Tages meist nur das Einfache. Alles, was aus dem Meer der Mittelmäßigkeit herausragt, ist das Produkt außerordentlicher Anstrengungen und, wenn diese mit der charmanten Leichtigkeit des Seins präsentiert werden, gilt Eines als sicher: Hier sind Talent und Fleiß eine Musterehe eingegangen. Und deshalb ist Sarah Wiener für mich auch weder die Quotenfrau der deutschen Kochszene noch der Leuchtturm der feministischen Kochfraktion. Sie ist schlicht und einfach SARAH WIENER, sie ist Markenzeichen, Logo und Unikat in herrlicher Dreifaltigkeit.

Köche (männliche wie weibliche) lassen sich in zwei Fraktionen einteilen: Da gibt es die Mathematiker, die grammweise Zutaten austarieren, flankiert von Chemie- und Physikdozenten, deren liebstes Thema Temperaturen und Garzeiten sind. Und dann gibt es das Lager derer, die sich wesentlich emotionaler an das Thema heranmachen: Bei ihnen regieren Spontaneität,

Kreativität, Mut und Gefühl. Ich gestehe, daß ich bei der ersten Fraktion durchaus gut mithalten kann, mich aber bei der zweiten zu Hause fühle. Und auch Sarah zähle ich zum Lager der Mutigen und Kreativen.

Das ist mir bereits 1998 bei der »Vakanz« im österreichischen Vorarlberg aufgefallen. Bei diesem zweiwöchigen Gesamtkunstwerk zum Thema »Essen aus allen Blickrichtungen« hatte ich zusammen mit Daniel Spoerri einen unvergesslichen Abend und gewann die Erkenntnis, von Sarah Wiener sicher noch mal zu hören. So war es auch, denn heute ist Sarah Wiener im wahrsten Sinne des Wortes in aller Munde. Und bei ihr trifft zu, was ich auch bei meiner Mutter immer wieder bemerkt habe: Eine Köchin, die das Herz am rechten Fleck hat, wird auch beim Kochen immer den richtigen Fleck am Herd finden.

Ich wünsche den Lesern dieses Bändchens Spaß und Inspiration und seiner Autorin weiterhin Mut und Erfolg.

Eckart Witzigmann
Sommer 2008

ENTRÉE VON SARAH WIENER

Liebe Leserinnen und Leser,
meine Rezepte sind von unterschiedlicher Art. Manche sind sehr einfach, sie eignen sich für jeden Anfänger. Andere sind etwas komplizierter, und man sollte schon ein wenig Kocherfahrung mitbringen. Prinzipiell sind alle Rezepte eine Anregung und können durch vielerlei eigene Ideen variiert und verändert werden.

Obwohl ich spielerisch und intuitiv koche, habe auch ich einige Grundsätze: Wenn ich Mayonnaise schreibe, gehe ich davon aus, daß die Mayonnaise frisch und selbst gemacht ist, so auch wenn ich von Butterschmalz spreche, und wenn ich Gemüsesuppe und Hühnersuppe erwähne, sollten diese ebenfalls selbst hergestellt sein. Gewürze sind frisch gehackt oder zerstoßen fast immer besser als getrocknet. Mir schmeckt die glatte Petersilie besser als krause, ich verwende in vielen Gerichten Curcuma oder Cumin, variiere mit Salbei oder Minze. Die Märkte sind voll von den unterschiedlichsten Gräsern und Kräutern. Schauen Sie sich um, greifen Sie zu. Zitronen und andere Früchte, deren Zeste im Rezept verwendet wird, sollten prinzipiell unbehandelt sein.

Ich bin ein Gegner von allen Fertigprodukten, allen Gewürzbrühen und allen denaturierten Lebensmitteln. Man weiß einfach nicht, was sie genau enthalten und welche Wirkung Aromastoffe, Emulgatoren, Enzyme, Farbstoffe oder künstliche Vitamine auf den Körper haben. Es gibt sogar Lebensmittelzusatzstoffe, die nirgends deklariert werden müssen. Ich habe mich also schlicht und einfach entschlossen, alles frisch zu kochen und selbst zu machen. Natürlich kann man das nicht immer und überall, es ist als Ideal aber durchaus erstrebenswert.

Ich hoffe, Sie haben Spaß bei der Lektüre. Kochbücher bereichern das Leben, man kann nie genug davon haben. Und wenn Sie nur ein Rezept entdecken, das Sie wirklich mögen – dann freue ich mich.

Ich habe alle diese Rezepte erfunden, gefunden, geklaut, abgewandelt oder geschenkt bekommen. Ich danke den Köchinnen und Köchen, die mich inspiriert und unterstützt haben. Wenn ich eine Speise mag, koche ich sie nach, ganz gleich ob sie aus Kasachstan oder Südtirol kommt. Ich bediene mich in allen Küchen dieser Welt und mache daraus meine ganz eigene Küche. In diesem Buch allerdings stehen meine österreichischen Vorlieben im Vordergrund. Bedienen Sie sich bitte auch bei mir!

Sarah Wiener

FILMCATERING

Im Prinzip ist es wurscht, ob das Westdeutschland ist oder Österreich oder Schweden. In dem Moment, wo man Berlin verläßt, die Heimat, den angestammten Platz, wo du immer bist und wo du weißt, wo du was einkaufen kannst, wird es immer zum Abenteuer, wenn du in irgendeine Umgebung gehst, wo du noch nie warst. Natürlich ist es schwieriger, wenn du in ein Land gehst, wo die Bedingungen sehr hart sind, wo du die Sprache nicht sprichst. Dann ist es noch einen Zacken schärfer, als wenn ich nach Österreich gehe oder nach Westdeutschland. Das ist der größte Moment – eigentlich auch der schönste Moment –, wenn du irgendwo ankommst: Du weißt nicht, wie es dort ausschaut. Du kommst vielleicht am späten Nachmittag an, und du weißt: Morgen in der Früh geht es los! Du kommst in ein Dorf und weißt überhaupt nichts. Du weißt nicht, was für Einkaufsmöglichkeiten dort vorhanden sind, du weißt nicht, wo der Metzger und der Bäcker sind, aber du weißt, daß morgen in der Früh um sechs Uhr dreißig ein Frühstück für vierzig Personen fertig sein muß. Und gegen Mittag ein Mittagessen und gegen Abend ein Abendessen. Das ist eigentlich das Spannende, daß du dich ganz am Anfang auf die Suche machst. Du dehnst deinen Radius von deinem Hotel oder von deinem Drehort aus und mußt sehr spontan reagieren, auf die Möglichkeiten, die du vor Ort vorfindest. Das ist spannend, denn du weißt nie, was du vorfindest. Ich stelle mich mental immer darauf ein, daß

ich gar nichts vorfinde oder wenig. Dann bin ich ganz ergriffen und glücklich, wenn es dort ein riesiges Obstgeschäft gibt
und ein Obst- und Gemüsegeschäft und einen Supermarkt
oder einen Markt, der mehr hat als Kartoffeln, Zwiebeln und
Reis. Das ist eigentlich das Schöne, daß du andauernd impro-
visierst. Mit der Zeit, nach ein paar Tagen, hast du dir deine
Umgebung erschnuppert und weißt, ob es irgendwo in der
Nähe vielleicht sogar einen Asiaten gibt oder ob es vielleicht
einen Bauernhof gibt, der sich auf Kräuter spezialisiert hat.
Wenn du jemanden im Team hast, der von dort ist, fragst
du ihn natürlich. Oft gibt es im Umkreis von zwei Stunden
irgend etwas. Meistens hast du aber keine Zeit, dorthin zu
fahren und wieder zurückzufahren. Es gibt Dinge, die gibt
es fast überall in Europa, das sind Kartoffeln, Zwiebeln und
Schweine. An meinem ersten Kochtag mache ich etwas sehr
Einfaches, weil man nicht weiß, wie das Team ist, weil man
nicht weiß, ob die in Verzug geraten, weil das für die auch der
erste Tag ist. Man will sie nicht verhungern lassen, und man
muß doch damit rechnen, daß einem wesentliche Zutaten für
bestimmte Sachen fehlen. Also mach ich am ersten Tag immer
ganz einfache Sachen. Entweder gibt es dann Pasta oder einen
Schweinsbraten mit Kartoffelpüree, Gurkensalat und im Winter Sauerkraut und für die Vegetarier geschmortes Gemüse
mit Reis oder auch eine Pasta mit einer vegetarischen Sauce,
grünen Salat findet man meistens auch. Als Nachspeise mache
ich gerne eine einfache Torte oder einen Kuchen, weil ich
nicht weiß, wie das mit den Stromverhältnissen ist. Vielleicht

mache ich ein Beerenfrufru, also Beeren mit Topfen, saurer Sahne, süßer Sahne, Vanillezucker. Manchmal entdeckt man durch Zufall einen Fischhändler. Der steht nur einmal die Woche da, wie das in Schweden der Fall war. Man wundert sich, daß es in Schweden nirgends frischen Fisch gibt. Auf einmal kommt Donnerstagnachmittag ein Wagen vorgefahren und hat frischen Fisch, und der nette Mann erzählt einem, daß er sogar zweimal die Woche kommt, und freut sich, daß man ihn zufällig entdeckt hat, und man ändert seinen Speiseplan und macht dann natürlich frischen Fisch. Wenn man in einer größeren Stadt dreht, findet man auf einmal Sojabohnenkeimlinge und frische Shi-Take-Pilze, und dann macht man eben schnell etwas daraus. Das ist immer so ein Punkt: Du machst etwas daraus. Man muß natürlich aufpassen, daß man sich nicht zu sehr wiederholt, daß genug Abwechslung ist. Und dann bist du natürlich auch gespannt, wie das beim Team ankommt, wie die das finden. Manchmal lehnen sie eine Speise nur ab, weil du die falsche Beilage hast, du hättest statt Kartoffelpüree Nudeln machen sollen oder Salzkartoffeln.

Ich stelle mir immer mein Team vor und frage mich: Was würden die wohl heute gern essen? Wie ist das Wetter? Was steht im Drehbuch?

Dann muß ich auch aufpassen, daß ich nicht zuviel in den ersten zwei, drei Wochen mache an Highlights und an komplizierten Sachen, weil der Film ja noch viel länger geht. Dann haben sie das Gefühl, ich hätte meine ganzen Trümpfe in den ersten drei Wochen verballert, und dann bleibt nichts mehr für die nächsten drei oder sechs Wochen. Es muß halt so wie eine Reise sein, da gibt es Höhen und Tiefen, es darf nur nicht unter ein bestimmtes Niveau gehen, und du mußt sie immer wieder dazu bringen, im Idealfall, daß sie sich wieder freuen auf ein Essen. Manchmal geht eine Komposition auch daneben, wenn die Zutaten einfach beschissen sind oder weil du versagt hast. Du bist so konzentriert mit deinem Strudel beschäftigt, daß dabei das Fleisch anbrennt oder die Suppe anbrennt; das ist natürlich ein Drama. Du hast keine Zeit, das zu korrigieren, hast aber viel Zeit und Mühe aufgewandt, das zu machen.

Das allerschlimmste ist aber, wenn das Team nicht gleichzeitig kommt, sondern innerhalb von zwei, drei Stunden. Die ersten kriegen das schöne warme Essen, reißen die Deckel auf, je später es wird, desto unappetitlicher schaut es eigentlich aus, und deine ganze Kunst liegt nach zwei Stunden total zerstört da. Du willst es eigentlich selber niemandem mehr zu essen geben, aber die Nachzügler haben auch Hunger. Man muß ein Gefühl für das Team entwickeln, für seine Bedürfnisse. Ich mache es so aus dem Bauch heraus.

Merkwürdigerweise wird das ganze Team zu einem einzigen »Tier«, das es zu füttern gilt. Jedes Team hat andere Vorlieben und Bedürfnisse, obwohl oft Teammitglieder von einem Film im anderen wieder arbeiten. Man kann natürlich nicht vierzig verschiedene Speisen kochen. Also muß man den kleinsten gemeinsamen Nenner finden, spüren, riechen. Das ist für mich Filmcatering.

GEMÜSESUPPE

Gemüsesuppe ist wirklich eine Geschmackssache; daher ist es schwer zu sagen, welches Gemüse man dafür verwenden soll. Ich fange meist mit einer Zwiebel und einer Stange Lauch an, schneide sie beide klein und gebe sie in eine Pfanne. Ich füge dicke geradelte Karotten, größere Selleriestücke, Petersilienwurzel hinzu, schmore sie kurz mit ein wenig Öl an und gieße alles mit etwa anderthalb Liter Wasser auf. Ich salze die Suppe, gebe drei bis vier ganze Pfefferkörner dazu und lasse sie sanft köcheln. Manchmal kommt eine Chilischote dazu, etwas Ingwer, ein Lorbeerblatt oder Liebstöckel. Kurz bevor das Gemüse gar ist, kann man auch noch Broccoli, Blumenkohl oder Wirsing hinzugeben oder grüne Bohnen, ganz wie man lustig ist. Manchmal schmurgel ich Tomaten mit. Am Ende gibt es immer eine Handvoll frischer Kräuter.

HÜHNERSUPPE

Hühnersuppe koche ich ähnlich wie Gemüsesuppe, nur daß ich vorher ein Land- oder Biohuhn wasche, trockentupfe, in leicht kochendes, gesalzenes Wasser gebe, eine ganze Zwiebel dazu (einfach halbieren mit der Schale), ganze Karotten, eine Stange Lauch, ein paar Knoblauchzehen, Sellerie. – Es ist völlig wurscht; man kann es machen, wie man will, je nachdem, welches Gemüse man besonders liebt.

Hühnersuppe ist meine Lieblingssuppe. Sie ist besonders gesund, wenn man krank ist, je länger man das Huhn kocht, desto besser. Es gibt Rezepte, die sagen, man soll ein Huhn sieben Stunden lang kochen, damit die ganze Kraft in die Suppe geht. Allerdings zerfällt das Huhn dann in die einzelnen Fasern, es ist nicht mehr als Fleisch erkennbar. Aber es macht dem Huhn überhaupt nichts aus, wenn es zwei, drei Stunden kocht. (Es macht ihm allerdings auch nichts aus, wenn es acht Stunden kocht, wie denn auch?)

VOLLBAD IM SCHWEINEPFUHL

Als Kinder waren wir im Sommer öfter in der Steiermark auf dem Bauernhof. Das war ein klassischer Bauernhof, unten die Ställe, Schweinekoben, und draußen vor den Ställen eine Jauchegülle, so ein Schlammpfuhl, in dem sich die Schweine suhlen konnten. Der Schlamm war vielleicht zwanzig Zentimeter tief. Darüber befand sich ein offener Raum, eine Art Plattform, dahinter zwei Türen. Die waren abgesperrt. Hinter der einen war die Brutmaschine für die Küken, hinter der anderen irgendeine Abstellkammer. Mein Bruder Adam und ich haben uns gedacht, wir machen jetzt mal etwas Gutes, weil wir ja sonst immer so viel Blödsinn gemacht haben, wir räumen jetzt mal da oben auf. Damals waren wir vielleicht vier oder fünf Jahre alt. Aufräumen hieß (die Fläche war ja nach vorn offen), einfach alles, was sich da oben angesammelt hatte, den ganzen Müll nach unten zu hauen. An den Schweinepfuhl haben wir gar nicht mehr gedacht. Wir haben einfach alles runtergepfeffert, und es ist im Schlamm gelandet. Zum Teil war es Müll, es waren aber auch Scherben dabei, also ein Supermist.

Das schlimmste war, daß wir den Schlüssel für die Brutstation mit hinuntergefegt haben. Die Bauern kamen nicht mehr an die Küken. Da haben die uns gesagt, wir müßten jetzt in den Schlamm und den Schlüssel suchen. Leider sind wir nach ein paar Stunden gescheitert. Sie mußten die Tür aufbrechen. Ich weiß noch, wie wir in dieser stinkenden Gülle gewühlt haben.

Das Zeug ging uns bis zu den Gummistiefeln, aber weil wir so klein waren, sind die Stiefel immer steckengeblieben. Und wir haben dann versucht, völlig verdreckt, auf einem Bein balancierend, mit dem anderen, barfuß, nach dem zweiten Stiefel zu angeln. Es war ein Desaster. Im nachhinein muß ich lachen, wenn ich das Bild vor meinem Auge sehe.

GERADEAUS IN DIE BRENNESSELN

Wir sind mit dem Bauern im Traktor – der mußte aus dem Wald Holz holen – auf den Berg gefahren. Dann haben wir beschlossen, meine Schwester, mein Bruder und ich: Wir gehen zu Fuß zum Bauernhof zurück. Das wird schon nicht so weit sein, haben wir uns gedacht. Und wir sind ganz stolz gewesen, daß wir die Idee hatten, der kürzeste Weg zwischen zwei Strecken sei geradeaus. Wir sind also nicht den Serpentinen gefolgt, sondern sind geradeaus gegangen, steil den Berg runter. Es ging erst ganz flott, aber dann fingen Brennesseln an zu wachsen. Und dann wurden die immer höher und höher. Und wir trugen ja immer alle drei diese typischen Trachtenlederhosen, kurze Hosen und ärmellose Laiberln. Die Brennesseln gingen uns bis zur Brust. Wir waren tot, wir haben geheult, aber wir waren auch zu faul, einfach umzukehren. Wir sind immer tiefer rein. Wir hätten ja auch den Umweg machen können, raus, zur nächsten Straße. – Nein, wir wollten den kürzesten Weg.

Wir kamen heulend an, meine Mutter hat uns getröstet. Wir sahen aus, als hätten wir eine schwere Allergie, weil wir überall solche Pickel hatten. Ich weiß aber noch, wir haben dafür alle ein Eis gekriegt. Das hat sofort gewirkt. Ich hab mich auf die Schaukel gesetzt und mein Eis gegessen. Es hat immer noch überall gebrannt, aber dann war es gut. Und im nachhinein habe ich gehört, daß das sehr gesund sein soll. Jetzt hoffe ich, daß ich nie Rheuma kriegen werde.

BRENNESSELSUPPE

1 Kokosnuß

2 Hände voll frischer, junger Brennesseltriebe, selbst
gepflückt (Handschuhe anziehen!)

Pfefferkörner

1 bis 2 frische Curryblätter (wenn man lustig ist)

Salz

Zuerst stellen wir Kokosmilch her: Wir schälen die Kokosnuß,
raspeln sie und pürieren eine Tasse Kokosflocken mit anderthalb Tassen Wasser. Diese Mischung seihen wir ab und gewinnen so die erste Pressung. Wir wiederholen den Vorgang mit
frischem Wasser und gewinnen die zweite Pressung.

Dann nehmen wir die Brennesseln, vermischen sie mit der
zweiten Pressung, pürieren sie, würzen sie mit Salz und frisch
gestoßenen Pfefferkörnern und lassen sie auf dem Herd kurz
aufkochen. Dann gießen wir die zweite Pressung Kokosmilch
hinzu und lassen die Suppe noch einmal – nicht zu lange,
sonst wird die Suppe braun – aufkochen.

Diese Brennesselsuppe kann man schon gleich morgens essen,
vor dem Frühstück oder anstatt Frühstück, weil sie leicht ist.
Wenn einem die Suppe zu dünn ist, kann man gekochten
Reis, kleingehackt, vom Vortag hinzugeben und kurz mit aufkochen.

Dies ist eine Suppe ohne Fett (Ayurveda läßt grüßen). Man

kann die Brennesseln auch zum Teil durch frische Kräuter ergänzen, zum Beispiel Basilikum, Petersilie (oder diverse indische Kräuter, die es beim Asiaten gibt, aber deren Namen ich nicht aussprechen kann).

SCHNELLE KÜCHE

Wenn man wenig Zeit hat und nicht viel Geld für eine Mahlzeit ausgeben kann, würde ich immer empfehlen, eine Flasche Rotwein, Brot und ein gutes Stück Speck oder Wurst zu kaufen, da hat man am meisten davon. Oder ein paar Eier verquirlen, in eine Pfanne geben, ein paar frische Kräuter dazu, Pfeffer und Salz, das gibt ein prächtiges Omelette. Ein anderes kleines Gericht, das ich sehr liebe, geht so: Eine Orange filetieren, in 1 cm dicke Scheiben schneiden, dazu Fenchel in dünne Scheiben schneiden und das Ganze mit Olivenöl, Pfeffer, Salz und Fenchelkörnern würzen, am Ende 2 Esslöffel Olivenpaste darüber geben. Davon wird man natürlich nicht satt, das ist nicht mehr als eine Vorspeise, schmeckt aber grade im Sommer erfrischend.

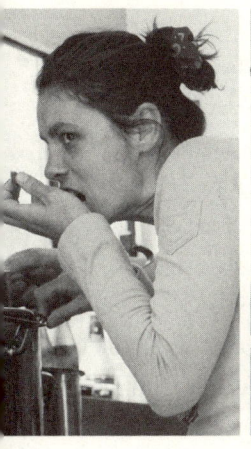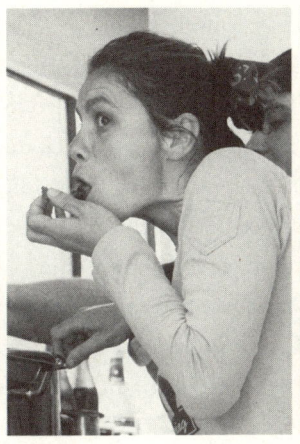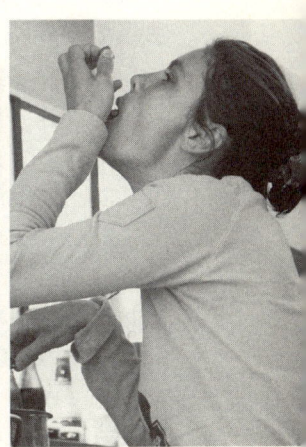

POLEN

Mein erster großer Auslandsfilm war von Jan Schütte »Auf Wiedersehen in Amerika« in Polen. Wir haben in Sopot geschlafen. Am Meer, wunderschön, großer Holzsteg, Grand Hotel Sopot, ein altes, verplüschtes Hotel, das schon bessere Zeiten gesehen hat. Wir haben irgendwo in der Walachei gedreht und sind immer im Konvoi durch die Lande gefahren, über die Dörfer, denn es war kurz nach der Wende, da war nichts ausgezeichnet. Es waren unsägliche Straßen. Als wir endlich am Drehort angekommen sind, gab es einen irren Kälteeinbruch, da kam der Winter. Schlagartig waren es minus zwanzig Grad. Es war so kalt, daß alles gefroren ist. Es war so glatt, daß es vor uns das Räumfahrzeug in den Straßengraben geweht hat.

Dann war erster Drehtag, ich kam wunderbar ausgerüstet mit den ganzen Mineralwasserflaschen, Cola, Fanta, Säfte, alles schon hier in Berlin gekauft. Eier, Brot, Wurst und Käse, alles war komplett geladen für den ersten Drehtag. Es sollte am nächsten Tag um sechs Uhr in der Früh Frühstück geben. Wir sind im Konvoi hingefahren. Ich konnte nicht früher los, weil ich den Weg nicht gefunden hätte. Alle waren müde, halb erfroren und durstig und hatten Hunger und wollten Kaffee trinken und frühstücken.

Ich habe den Wagen aufgemacht am Drehort – da waren alle Flaschen zersprungen, alles gefroren. Es sah aus! Dann sind noch Sachen umgekippt, Kräuter lagen am Boden, festgefroren mit Cola und Fanta. Das Brot, das ich in irgendeiner Kiste hatte, war zu Stein gefroren. Selbst die Eier waren gefroren. Das Öl war auch eingefroren. Es war alles hart, entweder kaputt oder hart. Meine Kaffeemaschine – da war eine Pumpe drin – ist natürlich geplatzt. Ich sah diesen wahnsinnigen Saustall um fünf Uhr in der Früh, diese Kälte, dieses Desaster, als wäre eine Bombe reingefallen, und dann standen dreißig Leute davor und riefen: Hunger! Frühstück! Wo bleibt der Kaffee, wo bleibt der Tee? Das war einer der Momente, in denen ich mir gedacht habe, ich habe den verdammt falschen Job.

Ich wollte unbedingt nach Polen. Ich habe mir das so schön vorgestellt, in der Wildnis, in der Fremde, mit fremder Sprache, das fand ich ja alles faszinierend. Fremde Landschaften, das war ja wunderbar. Dann noch am Meer, im Hotel schlafen, das war ja ein Gedicht.

Es kam dann auch der Tag, an dem ich mit dem Rucksack losgezogen bin und probiert habe, etwas Eßbares zu finden. Da gab es natürlich nichts, mitten auf dem Land, kein öffentliches Geschäft. Ich bin zu Bauern gegangen und habe Schweinehälften gekauft und Fische und Kartoffeln. Ich hab die einfach angesprochen und mit ihnen verhandelt. Ich weiß heute nicht mehr genau wie, denn ich spreche kein Polnisch, und sie sprachen kein Deutsch. Aber nach dem Dreh kannte ich die Namen aller wichtigen Lebensmittel auf polnisch.

EINGELEGTE GURKEN – AUCH IN POLEN EIN BELIEBTES REZEPT

1 l heißes Wasser

1 EL Salz

Kleine Gurken, so viele, wie in das Glas passen

blühender Dill

Knoblauchzehen, halbiert

(evtl. geschälter Kren)

Alle Zutaten werden in ein sauberes Gurkenglas geschichtet, das 3–5 Liter faßt. Die Gurken 3–5 Tage abgedeckt ziehen lassen. Köstlich zu frischen Schmalzbroten.

BRENNESSELSALAT

4 Doppelhände voll junger, zarter Triebe von der
Spitze der Brennessel
5 kleine Schalotten
2 EL Olivenöl
1 Hauch Gelbwurz (Curcuma)
1 Hauch Kreuzkümmel (Cumin)
Pfeffer, Salz
3 Pfefferminzstengel
1 Handvoll Rosinen
etwas Weißweinessig

Die Schalotten klein würfeln und mit Öl und Brennesseln
in der Pfanne erhitzen, würzen und 2–3 Minuten garen. Dann
herausnehmen, abkühlen lassen, die Pfefferminzstengel zup-
fen, hacken und unterheben. Zuletzt die Rosinen hacken und
dazugeben. Mit Öl und Essig abschmecken.

BEI DER WERBEAGENTUR

Das war eine ganz wichtige Zeit für mich. Ich habe wirklich wild experimentiert, habe mir Kochbücher durchgelesen, nach Kochbüchern gekocht, hatte eine Idee, eine Vorstellung von irgend etwas und habe das dann probiert. Das waren auch meine allerallerersten Versuche, exotisch zu kochen, mich an Gewürze ranzutrauen, von denen ich bis dato nichts wußte. Couscous zu machen, mit Curry und Piment was zu probieren, alles war ganz neu. Aber es war alles noch relativ bescheiden. Und ich fing an, mediterran zu kochen.

Die Küche war eine alte Haushaltsküche mit einem alten Herd wie um die Jahrhundertwende fast – wunderschön. Mit schönen, alten Kacheln, mit Fliesen, es war ein sehr schöner Platz, ein sehr schöner Raum.

Ich habe mich gefragt: Was kann Mittagessen alles sein? Es muß nicht immer das klassische Dreigangmenü sein, es kann auch Picknick sein. Im Sommer habe ich ein Tuch ausgelegt auf dem Rasen und habe alles rausverlegt. Ich habe es geliebt, viele verschiedene Speisen zu machen, leichte, kalte und warme, weil ich so wild aufs Kochen war. Ich wollte nicht nur eine, ich wollte gleich vier, fünf, sechs Speisen.

Die Mitarbeiter waren begeistert, fast euphorisch. Sie haben hinter meinem Rücken geworben: Bei uns kocht die beste Köchin von Berlin.

Ich mochte die ganze Belegschaft. Da macht das Kochen noch mehr Spaß. Es war keine Nullachtfuffzehn-Firma, sondern eine

feine, kleine Werbeagentur. Vor fünf Jahren haben sie, nachdem ich schon achtzehn Jahre von ihnen fort bin, ihre Weih-
nachtsfeier bei mir im »Sarah Wiener« abgehalten. Das hat
mich gefreut – und gerührt.

Es gibt viele gute Filme, in denen das Leben von Köchen eine große Rolle spielt. Ein besonders grausiges Beispiel ist Peter Greenaways Film »Der Koch, der Dieb, seine Frau und ihr Liebhaber«, in dem einer der Protagonisten am Ende verspeist wird. Der Film ist schrecklich gewalttätig, ein Küchenjunge wird gezwungen, Knöpfe zu essen, aber die Ausstattung, die Aufnahmen des Restaurants und der Küche mit all den alten Gerätschaften und der unglaublichen Käsekammer haben mich sehr beeindruckt.

Auch die Komödie »BASTA. Rotwein oder Totsein« spielt in einer wunderschönen Küche. Henry Hübchen gibt darin einen Gangster, der seine Leidenschaft fürs Kochen entdeckt. Am Ende landet jemand im Ofen, aber der ganze Film ist ja auch nichts anderes als eine Mafiasatire.

»Ratatouille« habe ich mir natürlich auch angesehen. Die Idee, eine Ratte als Koch eines Pariser Sterne-Restaurants zu engagieren, fand ich sehr amüsant, auch wenn ich mich an die Handlung nicht mehr so recht erinnern kann.

Mein liebster Kochfilm ist allerdings »Babettes Fest«, ein dänischer Film aus dem Jahr 1987, der sogar einen Oscar bekommen hat und eine herrlich simple Philosophie hat: Gutes Essen macht gute Laune. Die Hauptfigur Babette, von der kein Mensch weiß, daß sie eine grandiose Superköchin ist, zieht von Frankreich in ein kleines dänisches Fischerdorf. Als sie im Lotto gewinnt, beschließt sie, das ganze Geld auf den

Kopf zu hauen, in dem sie alle Dorfbewohner zu einem großen Festessen einlädt. Sie kocht ein unglaublich aufwendiges
Menü und lässt sich die feinsten Speisen (Täubchen! Cham-
pagner!) aus Frankreich kommen. Nach anfänglicher Skepsis
schlagen sich die Dorfbewohner kräftig den Bauch voll, haben
aber keinen blassen Schimmer, wie exquisit Babettes Gerichte
sind. Der Clou ist, daß Babette lauter Menschen zusammen-
bringt, die schon lange nicht mehr gemeinsam an einem Tisch
gesessen haben. Am Ende stapfen alle beschwingt nach Hause
und Babette beschließt, für immer bei den Dänen wohnen zu
bleiben.

BROTE MIT LIPTAUER UND OBAZDA

Mein erster Regisseur war Veit Helmer. Veit war damals Filmstudent. Der hat so schöne Filme gemacht wie »Tuvalu« oder
»Der Fensterputzer« oder diesen indischen Film »Tor zum
Himmel«, der nur am Frankfurter Flughafen spielt. Veit ist
jünger als ich, ein schwerstengagierter Filmstudent, der Schul-
den gemacht hat für seine Vision. Damals war noch die
Mauer, und wir haben in der verfallenen italienischen Bot-
schaft gedreht. Und zwar einen Kurzfilm: »Die Räuber« von
Schiller. Das war meine allerallererste Filmerfahrung, und ich
habe zum Teil vor Ort gekocht – einen Wagen hatte ich noch
nicht, nur einen Hockerkocher.

Das war lustig, das waren »nur« Studenten, es war relativ un-
typisch für ein Filmteam, sie waren alle jung, sie waren alle
engagiert, sie standen alle ganz am Anfang. Es war eher eine
Familiensituation. Veit hatte mit einen Anteil an der Idee, daß
ich Filmcatering machen könnte. Ich bin mir ziemlich sicher,
daß ich was Österreichisches gekocht habe, weil ich die ersten
Jahre fast nur österreichisch-mediterran gekocht habe. Schon
damals gab es als Zwischenmahlzeit nicht einfach belegte Bröt-
chen mit Salami oder Käse, sondern Brote mit Liptauer und
Obazda oder einem Ei-Curry-Aufstrich.

Ich habe auch sehr gern Minigolatschen gebacken, mit verschiedenen Füllungen, immer etwas mit Fleisch und immer
etwas Vegetarisches, obwohl es damals noch kaum Vegetarier
gab.

OBAZDA

Brie und Butter zu gleichen Teilen mischen. Fein gehackte
Zwiebeln, gemahlenen Paprika und Salz dazugeben.

OLIVEN UND KÜRBISKERNNOCKERLN

150 g griffiges Mehl

2 Eier

100 g Oliven, vom Kern befreit

50 g Kürbiskerne (evtl. kurz anrösten)

1 Schuß Obers

Salz, Pfeffer

Milch

Die Zutaten zusammenkneten und so viel Milch hinzugeben,
daß ein halbfester Teig entsteht. Eßlöffelgroße Portionen ab-
trennen, in kochendes Wasser geben und zehn Minuten kochen
lassen. Mit Zwiebel und Knoblauch abschmecken, Parmesan
darüberstreuen und eventuell Butter dazugeben.

BRATKARTOFFELN MIT EI

(für meinen Sohn Artur)

Bratkartoffeln mit Ei mache ich so: Kartoffeln in kaltem Salzwasser aufsetzen, je nach Größe 10–20 Minuten kochen, mit Gabel reinpieksen, müssen weich sein, aber nicht zerfallen. Reichlich Rama in eine Pfanne geben (brennt nicht so schnell wie Butter), Zwiebelwürfel dazu, dann die geschälten, überkühlten Kartoffeln (in Scheiten) dazugeben, Salz, Pfeffer, wenden, warten, bis goldbraun – fertig. Vorsicht: Zwiebeln verbrennen leicht! Spiegelei dazu. Die Mutti macht Bratkartoffeln immer aus hauchdünnen rohen Kartoffelscheiben, aber da muß man gut aufpassen, daß sie nicht verbrennen und auch nicht mehr roh sind. Am besten geht es, wenn du eine kleine Weile einen Deckel über die Pfanne stülpst. Mit viel Fett brennt alles nicht so leicht an, aber das viele Fett ist auch gräßlich! Heb mir was auf zum Probieren!

DAS BOULETTENBÜFFET

»Der Superstau« ist eine Komödie, die Anfang der Neunziger mit Ottfried Fischer gedreht wurde. Der Film spielt in den Sommerferien. Auf einer deutschen Autobahn treffen mitten im Stau ein paar schräge Charaktere aufeinander. Während der Dreharbeiten habe ich das Catering gemacht, zur Premierenfeier dann das Büffet. Das Team wünschte sich was ganz Einfaches: Bouletten, Kartoffelsalat und Bier. Das fand ich langweilig. Also habe ich gesagt, okay, ich mach Euch das Büffet, aber auf meine Art. Ich habe angefangen, Dutzende von Bouletten zu kreieren: kleine Bouletten, große Bouletten, Bouletten aus roten Linsen, Bouletten aus Couscous, Bouletten aus Kartoffelteig, Bouletten mit Schweinefleisch, Bouletten mit Hühnchen und Karottenstreifen umwickelt. Aus all den verschiedenen Sorten habe ich auf mehreren Tabletts eine Landschaft gebaut – Hügel, Täler, Straßen. Ich habe fünfzig Spielzeugautos gekauft und sie in einer großen Stauschlange durchs Büffet ziehen lassen. Die Bouletten waren sofort weg. Die Spielzeugautos auch.

DAS ORGIEN-MYSTERIEN-THEATER

Hermann war damals Gast bei Arm-Reich, einem Bankett für den Künstler Daniel Spoerri, und ist natürlich auch ein alter Weggefährte meiner Eltern. Der war dann so angetan und hat gesagt: »Hey, wir machen das ›Orgien-Mysterien-Theater‹. Sieben Tage und Nächte nonstop. Hast du nicht Lust, uns zu bekochen?« Und ich habe gesagt: »Wow, jaa, unbedingt.« Rita und Hermann Nitsch, seine Frau ist ganz reizend. Ja, und dann habe ich das gemacht. Ein Jahr vorher hat Rita schon Kürbis- und Zucchinifelder angelegt im Schloßgarten, und Kräuterbeete; es war toll. Alles für dieses Orgien-Mysterien-Theater. Und dann haben wir das auch verkocht.

Hermann hat eine Partitur dazu geschrieben, über zweitausend Seiten. Zum Teil sangen hundert Sänger und spielten hundert Musiker auf einmal. Es gab Orchester, die gleichzeitig oder gegeneinander musiziert haben oder miteinander. Es gab Panzer, die irgendwie durch den Hof gefahren sind, Schlachtungen von Stieren, Prozessionen in die Weingasse, singend und tanzend, musizierend sind die Leute gegangen, haben sich dort angesoffen und angefressen, manche bis zur Bewußtlosigkeit, viele haben schon früher aufgehört. Fräulein Wiener hat als besondere Ehre, so hat sie es empfunden, von den drei Stieren, die dort geschlachtet worden sind, immer den Stierhodensack (inklusive Hoden) überreicht bekommen – die noch warmen Hoden. Ganz stolz hat man mir den überreicht, und dann habe ich gesagt: Oh, danke! Und dann habe ich die

Stierhoden angebraten und zurückgeschickt, auch als Hommage.

Ich habe sieben-, achthundert Leute bekocht, Frühstück, Mittagessen, Nachmittag, Abendessen. Eine Woche lang. Da waren die Tanten und die Mutter von der Rita Nitsch – hoi, die haben mitgekocht, mitgearbeitet. Wir waren eine Truppe, also eine Truppe von Leuten, die da gewohnt haben. Einige von mir aus Berlin, die meisten von dort aus der Umgebung. Und wir haben für diese Hunderte von Leuten jeden Nachmittag Strudel oder Kuchen oder Langosch gemacht. Ungarisches Fastfood, mit Knoblauch, genial! Mach ich heute noch ganz oft. Eingelegte Gurken haben wir gemacht. Man kann sagen, es war ein Erlebnis.

SARAH GEHT ZUR NVA UND KAUFT
SICH EINEN W50

Ich bin mit einem Freund nach Strausberg gefahren, und da stand er: Ein Zehntonner mit zweiachsigem Anhänger, olivgrün, ABC-sicher, Differentialsperre, Seilwinde, Niedrigdruckreifen, sogar eine Gulaschkanone war drin. Und ich dachte: So ein Geschoß brauche ich. Das ist ja ideal, ich will ja auch in der Wüste drehen. Ich hatte aber kein Geld. Die wollten, exorbitant, dreißig- oder vierzigtausend Mark, keine Ahnung. Ich hab sie dann runtergehandelt auf zweitausendfünfhundert. Klingt fantastisch, aber das Auto war natürlich eine einzige Katastrophe. Es hatte Aluminiumdrähte, die ganze Mechanik fror im Winter ein, das heißt, es sprang nicht an. Es war halt ein DDR-Wagen, ein umgebauter W50. Ich blöde West-Tussi, die nicht einmal Auto fahren kann und keine Ahnung hat, für mich war das eine Katastrophe.
Und dann war da ein Stromaggregat drin. Das schlimmste war, ich war damals so doof, daß ich mir überhaupt keine Gedanken darüber gemacht habe, woher der Strom kommt. Wie funktioniert das? Woher kommt das Wasser? Wie kühle ich die Lebensmittel? Ich habe den Wagen gesehen und war begeistert. Der hätte ausschauen können wie er wollte, der hätte fünfmal kleiner oder größer sein können, ich hätte ihn auf jeden Fall gekauft. Weil es meine einzige Möglichkeit zur Selbständigkeit war, zu einer Existenz, wie sie mir vorschwebte. Die wollten mir das nicht so billig verkaufen, die haben ver-

sucht zu handeln, aber dann waren sie beeindruckt. Ich war damals schon 28, aber ich sah viel jünger aus und war völlig unbedarft und kam sozusagen frisch aus der Sozialhilfe und habe gesagt: Ich habe 'ne Idee, und die will ich verwirklichen, und ihr müßt mir jetzt helfen. Ihr könnt doch nicht meine Zukunft zerstören.

Sie haben sich kameradschaftlich angesprochen gefühlt. Wir haben den Vertrag unterschrieben.

Erst dann bin ich zur Bank gegangen. Denen habe ich nicht erzählt, daß ich mich selbständig machen will, weil ich Angst hatte, daß sie mir dann keinen Kredit geben. Ich war ja noch immer offiziell bei der Werbeagentur angestellt. Ich habe einen Kredit aufgenommen, einen Privatkredit in Höhe von zehntausend Mark. Das war so exorbitant viel Geld für mich, das kann man sich überhaupt nicht vorstellen. Zehntausend Mark! Eine Unsumme! Ich dachte wirklich, wenn das schiefgeht, bin ich fürs Leben ruiniert, davon werde ich mich nie wieder erholen. Das war der größte Schritt, den ich in meinem Leben gemacht habe.

Ich bin zu meiner Hausbank gegangen. Ich habe mich nicht einmal bei einer zweiten Bank erkundigt; ich habe wirklich jeden Fehler gemacht, den man machen konnte. Die dachten sicher: Wenn die so deppert ist, das Mädel, und haben 13,5 Prozent Zinsen verlangt.

Mit den zehntausend Mark habe ich meine ganze Erstausstattung bestritten. Den Wagen, den Umbau, den ersten Einkauf, Geschirr, Hutschenreuter vom Flohmarkt, von irgendwelchen

Trödelshops und so weiter und so fort. Und dann die Farbe. Ich wollte unbedingt einen weißen Wagen haben. Ich wollte keinen olivgrünen Panzer. Das war natürlich überhaupt nicht zu bezahlen. Da habe ich irgendwelche Typen aufgetan, die mir den für neunhundert Mark weiß gestrichen oder gespritzt haben. So sah der dann auch aus. Aber ich war ganz glücklich und stolz.

Das Stromaggregat war total verrostet; das habe ich über die NVA reparieren lassen. Nur war das früher so: Das Stromaggregat haben sechs Leute aus dem Wagen gehoben, dann wurde fünfzig Meter weiter ein Loch gebuddelt, da wurde das reingestellt. Das ging natürlich bei mir nicht. Also blieb das Aggregat im Wagen. Wir füllten Benzin ein, schmissen es an, und es war so laut, daß ich einen Lachanfall gekriegt habe. Du hast dein eigenes Wort nicht verstanden. Fünf Minuten später war die Polizei da, weil die Nachbarn sich wegen Ruhestörung beschwert hatten. Das war irgendwo auf einer Straße in Kreuzberg. Es war völlig klar, daß das nie und nimmer geht.

Also habe ich das Stromaggregat rausgeschmissen und einen Gasherd eingebaut. Und noch einen Kühlschrank. Ich habe auch die Gulaschkanone rausgerupft. Die habe ich verkauft an einen zukünftigen Imbißbesitzer. Und habe einen Gasherd einbauen lassen. Dann war noch ein Wassertank drin, den konnte ich von außen füllen. Allerdings war das oft so mühsam, daß ich lieber mit Kanistern gearbeitet habe. Am Anfang habe ich ziemlich viele Serien gemacht: »Im Namen des Gesetzes« oder »Wolffs Revier«. Draußen in Spandau. Das war

toll. Da habe ich die ganze Zeit meinen Wagen parken können, habe dann meinen Schlauch an den Wasserhahn gelegt
und so gekocht, monatelang, fast jahrelang.

DANKE, UDO!

Die Anmeldung von dem Wagen war auch so eine Geschichte. Die ging nämlich gar nicht über mich. Ich habe den Wagen gekauft, dann bin ich zum TÜV gegangen und wollte den Wagen anmelden. Da haben die gesagt: Den kennen wir gar nicht, den muß ich erst mal vorführen. Dazu mußte ich ein Vollgutachten machen, das hätte allein zwanzigtausend Mark gekostet. Das konnte ich mir überhaupt nicht leisten. Vor allen Dingen hätten die dann sicher auch einige Mängel gefunden. Da dachte ich mir, Mist, jetzt habe ich mir diesen W50 gekauft, jetzt darf ich mit dem gar nicht fahren und kann nicht arbeiten. Wie kann das sein? Im Osten fahren schließlich lauter solche Wagen rum. Ja, wenn ich 'n Ossi wäre, hieß es. Da habe ich mir jemanden gesucht, der aus Ostberlin war, und habe Udo kennengelernt, und Udo hat ihn dann sofort auf seinen Namen im Osten angemeldet, ohne mich zu kennen. So hatte ich einen legalen Wagen. (Vielen Dank noch mal, Udo!)

Der W50 fuhr. Er war auch zwei oder drei Jahre im Einsatz. Dann habe ich ihn bei einem Liebhaber solcher Autos – einem jungen Mann – gegen einen Landrover getauscht. Der Mann wollte mit dem W50, glaube ich, eine Welttour machen. Daraus ist nichts geworden. Bei der nächsten Polizeikontrolle wurde festgestellt, daß er keinen Lastwagen-Führerschein hatte. Außerdem sei der Wagen aus verkehrstechnischen Gründen auf offener Straße nicht zugelassen. Sie haben ihn sofort eingezogen, habe ich später gehört.

Später habe ich noch zwei Zelte gekauft für billiges Geld, 25-Meter-Zelte, wo du allerdings, was ich auch nicht wußte, zwölf Mann oder eine Kompanie zum Aufbauen brauchst. Das eine habe ich bei einem meiner ersten Büfetts benutzt, am russischen Ehrenmal im Treptower Park. Da habe ich es aufgestellt, zu dritt: mit einem ehemaligen NVA-Offizier – der mußte mir zeigen, wie das geht, und mit zwei von meinen Leuten, ohne Leiter. Also: Es war ein Desaster. Das Aufstellen dauerte zehn Stunden. Ich hatte den Auftrag schon angenommen. Meine Kundin hatte gesagt, sie würde aber gern draußen feiern, und ich habe so ganz naiv gesagt: Überhaupt kein Problem! Ich habe ein Zelt, da baun mer halt ein Zelt irgendwo auf.

Dann haben die Freunde gesagt, sag mal, spinnst du? Du kannst doch nicht im öffentlichen Raum einfach ein Zelt aufbauen. Da braucht man doch eine Genehmigung. Damals war die Wende, da durftest du ja fast alles. Ich bin zum Gartenbauamt hingegangen und habe gesagt. Hallo, habt ihr was dagegen? Und dann haben die gesagt: Nee. – Zum Glück!

Für das Zelt brauchte man Alurohre, die alle vier oder fünf Meter lang waren und die man verschrauben mußte. Wir haben immer den Transporter, in dem das Zelt gelagert war, als Leiter genommen. Der eine von uns war zum Glück ein Turnertalent. Der ist wie ein Affe da raufgeklettert und hat das dann irgendwie zusammengeschraubt. Der NVA-Offizier hat alles so hingelegt wie einen Bauplan und hat den zwei anderen gesagt, wie man das halt macht. Der war schon älter, hatte eine Brille, ein Dicker, Netter, Kleiner, der eigentlich nicht viel von einem Offizier an sich hatte. Der hat dann gesagt: Ach, das machen wir schon. Ja, 'ne Leiter wäre schon besser, und ein paar Leute wären auch hilfreich – aber das kriegen wir schon hin. Dieses DDR-Improvisationstalent! Das war wie: Heute bauen wir ein Haus! Echt absurd. Das Zelt war in der Mitte sicher vier, fünf Meter hoch. Und dann mußtest du das ja alles überziehen, mit einem Stück Stoff. Ja, tu mal ein Vierzig-Kilo-Teil zu dritt über so ein Gerüst ziehen. Das Zelt war ja gar nicht so klein.

Es gab ein kalt-warmes Büfett. Anlaß war der fünfzigste Geburtstag von der Mutter einer Freundin. Ich hatte auch eine Heizung dazugekauft, auch so ein Ostprodukt, die durch einen riesigen Schlauch Luft angezogen und ins Zelt gepustet hat. Da war leider das Problem, daß sie ziemlich laut war, so daß wir die Heizung nur phasenweise anschmeißen konnten. Aber das Fest war trotzdem ein großer Erfolg. Als die Gäste kamen, wurde es gerade dunkel. Der Ort wirkte romantisch. Das Zelt war zehn Minuten vorher fertig aufgebaut, Gott sei Dank kamen alle ein wenig später, so daß noch etwas Zeit fürs Büfett blieb. Ich habe in meinem W50 auf dem Parkplatz davor gekocht. Himmel, in dieser Nacht habe ich wirklich gut geschlafen!

WARME MAHLZEIT

Was eins meiner liebsten Kocherlebnisse war: Mein Vater und meine Stiefmutter, Ossi und Ingrid, haben eingeladen zu einer »Warmen Mahlzeit« nach Köln. Sie haben ein Restaurant gemietet, eine uraltes, original Kölner Restaurant, und haben Freunde aus ganz Europa eingeladen zu einem Abendessen. Das alles hieß »Warme Mahlzeit«. Da gab es acht oder neun Gänge. Ingrid hat mich gefragt, ob ich Lust habe, mit ihr zu kochen, und ich habe natürlich gleich begeistert gejubelt und bin da hingefahren. Das war auch sozusagen ein bißchen ein »Exil«-Revival. (Das Exil war ein bekanntes Berliner Künstlerrestaurant, von Oswald und Ingrid Wiener gegründet.) Da haben die ehemaligen Kellner, die heute Galeristen oder Künstler sind, oder eben Michel von der Paris-Bar und Reini, die damals auch im »Exil« gekellnert haben, die haben wieder die Kellner gemacht. Der Ossi hat das gemacht, was er auch sonst gemacht hat: Der ist gethront mit seiner Zigarre im Raum. Ingrid und ich und noch ein oder zwei andere Küchenhilfen haben gekocht.

Das war wunderschön, von den acht Gängen gab's vielleicht fünf Gänge mit Innereien. Der erste Gang war Ursuppe, mit Milz und Lunge, der zweite Gang war Schnepfendreck, der dritte Gang war Stierhoden Pastinak, das war Hoden und Rindszunge (mein erster Versuch damit), der vierte war – das fand ich auch besonders schön – Lamm als falscher Auerhahn, danach, der fünfte Gang, war mein Lieblingsgang, der hieß: Vielleicht ein Lied. Da sind wir dann rausgegangen, die ganze Kochcrew und die Kellner, haben uns vor dem Publikum, vor den Gästen aufgereiht und »Hejo, spann den Wagen an« als Kanon gesungen, völlig falsch, aus dem Stegreif. Dann sind wir wieder in die Küche und haben weitergekocht.

Ich weiß noch, das Dessert war schwarz-weiß, also Mohn und noch etwas, vielleicht war es auch weißer Mohn, ich weiß es nicht mehr. Das hab ich dann kreiert. Dann gab es auch noch Käse, Frischkäse mit Oliven. Wir haben riesige grüne Oliven genommen, und ich habe Käsekugeln geformt, Bowlingkugeln aus Frischkäse. Und Würste. Riesig groß. Das haben wir dann aufgebaut mit den herrlichen Oliven. Das war die »Warme Mahlzeit«.

WIENER SCHNITZEL

Original Wiener Schnitzel macht man aus Kalbsfleisch. Ich persönlich ziehe Schweinefleisch vor, weil ich es interessanter im Geschmack finde. Man nimmt Schweinefleisch entweder aus der Oberschale oder der Unterschale oder dem Schlegel, klopft es beherzt, aber nicht gewalttätig (Fasern können sonst verletzt werden), bedeckt die geklopften Schnitzel mit Mehl, gibt sie in ein zerschlagenes Ei, das man zuvor gesalzen und gepfeffert hat, dann schwenkt man die Schnitzel leicht in nicht zu feinen Semmelbröseln. Man erhitzt Sonnenblumenöl, Schweine- oder Butterschmalz, je nach Geschmack, in einer Pfanne. Das Fett darf nicht so heiß sein, daß es zu rauchen beginnt, aber auch nicht zu kalt, sonst saugt sich das Fleisch mit Öl voll. Man schwenkt die Schnitzel in der Pfanne, zwei Minuten von jeder Seite, die Schnitzel müssen schwimmen. Gibt sie

auf ein Kreppapier zum Abtupfen, serviert sie mit einer Zitronenscheibe, einer Sardelle mit Kapern oder mit ein bißchen Preiselbeermarmelade und reicht dazu klassisch Gurkensalat oder Kartoffelsalat oder Kartoffelsalat mit Vogerlsalat. Röstkartoffeln schmecken auch gut. Wiener Schnitzel muß immer frisch bereitet und sofort gegessen werden.

Ich habe auch von dem Trick gehört, zum Ei einen Schluck Milch, Sahne, Mineralwasser oder Öl zu geben. Nun ja. Probieren Sie es einfach aus. Eine Variante – wie mein Sohn Artur sagt: die pervertierte Form des Wiener Schnitzels – ist die eher exotische Kokos-Zitronen-Panade.

KOKOS-ZITRONEN-PANADE
(FÜR CA. 1 KG FLEISCH, FISCH, GEFLÜGEL)

Zeste von 4 unbehandelten Zitronen

250 g Kokosflocken

120 g Semmelmehl

1 EL Curcuma

1 TL Cumin

1 TL Chili

1 EL Zucker

1 EL Salz

1 EL Zwiebeln, fein gehackt, geröstet

Alle Zutaten vermischen und das Fleisch, nachdem man es in Mehl und geschlagenem Ei gewälzt hat, darin panieren.

DIE GENERALPROBE

Jetzt, nach über siebzehn Jahren, kann ich diese Geschichte mit lachenden Augen erzählen – damals habe ich mich allerdings zu Tode geniert ...

Ich war seit ungefähr zwei Jahren selbstständig und fing an, neben dem Filmcatering, das ich mit großem Erfolg betrieb, auch immer öfter Buffets zu kreieren. Privatleute oder Firmen riefen an und baten um ein Angebot für ein Buffet. Meist bin ich dann zu den Leuten hingefahren, habe mich mit ihnen unterhalten und sie gefragt, für welchen Anlass das Buffet sein soll. Waren viele Frauen geladen? War es eine Familienfeier? Wollte der Kunde mit dem Buffet protzen oder seine Weltläufigkeit zum Ausdruck bringen? Sollte es draußen serviert werden, mittags oder abends? Waren Kinder eingeladen? Waren es Gäste, die sich sozusagen von Stehempfang zu Stehempfang quälen, oder konservative Leute, die über alles, was etwas exotisch aussieht und schmeckt, die Nase rümpfen? Fragen über Fragen ...

Es sollte die Einweihung einer Firmengründung in der Mitte Berlins sein, mit hundertachtzig geladenen Gästen – eine Größe, die durchaus auch exotischere Speisen zulässt.

Damals war mein Idealbild eines perfekten Buffets eine barocke Tafel, die sich unter den verschiedensten Speisen bog. Ein Buffet musste von allem etwas enthalten: verschiedene Fisch- und Fleischsorten, Terrinen, Pasteten, kleine gefüllte Bällchen, Taschen und Rouladen mit Getreide, Fleisch oder

Gemüse, viele Gerichte mit Gemüse – das macht die größte Arbeit, aber die Mühe lohnt sich. Die meisten Buffets sind immer zu fleischlastig, finde ich. Dann muss man auf verschiedene Konsistenzen achten: kross, weich, Speisen mit Biss und Speisen, die man fast nur zu schlucken braucht. Und ganz wichtig: die Farben! Ich möchte auf ein Buffet blicken und strahlen vor guter Laune, weil mich Farben umhüllen – gelb, rot, grün in verschiedenen Schattierungen, schwarze Sepianudeln mit rosa Garnelen, Brombeertörtchen mit gezuckerten Rosenblättern, rote und gelbe eingelegte Paprika mit frischem Thymian und gelbem Olivenöl, Schweinsbraten mit goldgelber Kruste, mit Dörrmarillen gefüllt … Und zu guter Letzt achte ich auf die Formen und die Gerüche. Mal lasse ich die grünen Bohnen ganz und brate nur ein paar Pilze dazu an, dann muss es einen Safran-Couscous-Salat geben, der sehr fein geschnittenes Gemüse enthält.

Dieser ganze Aufwand war damals überhaupt nur möglich, weil ich mich systematisch selbst ausbeutete. Wenn der Kunde Vertrauen zu mir hatte und ich ihn sympathisch fand, habe ich ihm zu einem festen Preis ein Überraschungsbuffet vorgeschlagen. Die Preise variierten zum Teil erheblich: Eine reiche Firma musste unter Umständen gleich zur Hälfte das arme Hochzeitsstudentenbuffet mit sponsern – aber niemals hat sich auch nur ein Kunde über den Preis beklagt oder zu handeln versucht. Ach, rosige Zeiten waren das! In meinen ersten sieben Jahren hatte ich nur zwei Reklamationen, und nur ein einziger Kunde hat seine Rechnung nicht ganz be-

zahlt! (Das lag sicher auch daran, daß ich ökonomisch be-
trachtet viel zu »billig« war.)

Das war – und ist – noch immer meine große Schwäche: Ich
habe einfach kein Interesse an Organisation und Buchhaltung.
Es langweilt mich, auszurechnen, wie viel ich wofür brauche,
und ich breche in Schweiß aus, wenn ich Belege ordnen und
sammeln soll. Heute habe ich ein ganzes Team von Buch-
haltern, Organisatoren, Assistentinnen und Geschäftsführern
hinter mir, die mir die Möglichkeit geben, mit dem Kochlöffel
in der Luft am Herd zu tanzen.

Um auf meinen liebenswürdigen Kunden zurückzukommen:
Wir fanden uns sympathisch, er vertraute mir und orderte für
den betreffenden Abend ein Überraschungsbuffet für hundertachtzig Personen. Ich fuhr in meine kleine Hinterhofküche
nach Kreuzberg, hängte den Auftrag an eine Leiste an der
Wand und ging meiner normalen Arbeit nach. Mein kleiner
Partyservice entwickelte gerade erste zarte Knospen. Immer
öfter bat ich Freunde und befreundete Köche, mir bei den
Buffets behilflich zu sein. Das war lustig, aber auch sehr anstrengend. Jeden zweiten Tag neue Gesichter, die nicht wuss-
ten, wo das Salz steht; Freunde, die willig waren, aber noch nie
Spargel geschält hatten; Freunde, die mir nach zwanzig Minuten sehr freundschaftlich erklärten, sie müssten gehen, weil sie
Stress mit der Freundin hatten – oder gar nicht erschienen
(»Ich dachte, du rufst mich nochmal an« oder: »Tschuldi-
gung, aber gestern haben wir zu viel gesoffen«).

An diesem Tag hatte ich mit meiner Lieblings-Co-Köchin

Kerstin gerade ein Frühstück fertig gestellt, und der Kunde hatte es eben abholen lassen. Wir räumten gerade gemütlich die Küche auf. Es war verdammt ruhig, und ich wurde nervös, so viel Leerlauf war mir unheimlich ..., und das am frühen Morgen. Plötzlich fiel mein Blick auf die Wand. Der Auftrag für das Buffet! Heute Abend! Ich wusste es instinktiv – ich hatte ihn völlig verschwitzt, verdrängt, komplett vergessen! Was für ein Desaster: jemanden, der mir blind vertraut, enttäuschen zu müssen – eventuell ein Buffet zweiter Klasse abzuliefern ..., undenkbar!

Ich stürzte zum Telefon und rief alle Freunde und befreundeten Köche an, die ich kannte. Den einen schickte ich zum Fischhändler, den anderen in die Markthalle, drei weitere mußten alles stehen und liegen lassen, zu mir in die Küche kommen und mir helfen, ein »typisches Sarah-Wiener-Buffet« zu zaubern. In diesen Stunden bin ich um Jahre gealtert, und manch einer sagt, an diesem Nachmittag hätte ich meine ersten grauen Haare bekommen.

Zum Glück hatte ich gute Freunde, die meinen Hilferuf erhörten. Von allen Seiten trafen Helfer und Lebensmittel ein. Niemals zuvor war es so hektisch und eng in meiner Küche gewesen. Während in der einen Ecke Teig geknetet wurde, wurde in der anderen Gemüse angebraten und Jus eingekocht. Ich rannte mit meinem Kochmesser in der Hand hin und her und gab unzählige Anweisungen. Hier war der Fond zu hell, dort fehlte es an Pfeffer auf der Haxe ... Aber um halb acht war das Buffet so weit fertig, daß es verladen werden konnte.

Die Kuchen hatten im Auto Zeit, abzukühlen, und den Käse wollte ich vor Ort anrichten.

Wir rasten zu der Firmenadresse, soweit es unsere Ladung erlaubte. Kurz nach acht waren wir tatsächlich da. Kurz durchatmen – ich klingelte. Der Chef öffnete die Tür. Hinter ihm wuselten einige Leute herum, packten Kartons aus und rückten Tische zurecht. Aha, dachte ich mir, auch etwas spät dran … Er sah mich erstaunt an und sagte: »Frau Wiener! Was machen Sie denn hier?« – »Tja … ich bringe Ihnen Ihr Buffet!« – »Unser Buffet?«, antwortete er und wurde etwas blass. »Sie wissen aber schon, daß der Termin erst morgen Abend ist …« Da wurde ich zuerst rot und dann blass. Ich schnappte kurz nach Luft und sagte etwas räuspernd: »Ja klar, das ist heute die Generalprobe. Wenn Sie noch etwas ändern wollen, können Sie das bis morgen um acht Uhr machen.«

Ich lud das gesamte Buffet aus, fuhr in die Küche zurück und begann von Neuem, Kuchen zu backen.

KNÖDEL IM PARK

Als ich klein war, habe ich immer das Fleisch ausgespuckt, beim Essen im Mund behalten und danach ins Klo gespuckt. Ich war Vegetarierin. Darüber gibt es viele Geschichten. Meine Eßgewohnheiten waren wahrscheinlich typisch für Kinder: Alle Speisen, die einen starken Eigengeschmack hatten, wie ordentlicher Käse, Wurst, Kohl, habe ich nicht gegessen. Wenn ich etwas grauslig fand, wenn ich nein gesagt habe, habe ich's nicht gegessen. Unter keinen Umständen!

In der Steiner-Schule haben sie damals die Kinder gezwungen, alles zu essen und immer aufzuessen. Einmal gab es Knödel, die ich auf keinen Fall essen wollte. Ich kam auf die glorreiche Idee und dachte: aus den Augen, aus dem Sinn, und hab die Semmelknödel aus dem Fenster geschossen. Ich habe mir nichts dabei gedacht. Aber leider waren Passanten im Park – die Schule grenzt an einen öffentlichen Park –, die kamen sich dann bei der Direktorin beschweren, sie würden mit Knödeln beschossen. Wieder einmal Anlaß für meine Mutter, in die Schule zu kommen und für ihre mißratene Tochter Abbitte zu leisten.

SERVIETTENKNÖDEL

1/4 l Grieß

1/2 l Milch

3 Semmeln

3 Eier

Salz

Grieß mit Milch kochen, auskühlen, die Semmeln würfeln und in Fett rösten, alles vermischen und die gesamte Masse in eine gebutterte Serviette geben, die gut verknoten und an einem Kochlöffel für 45 Minuten in kochendes Wasser hängen (evtl. Karotten, Champignons, Broccoli, Erbsen als Füllung dazu).

HONEYBABY

Dieser Film – »Honeybaby« von Mika Kaurismäki – war kurzfristig zustande gekommen. Es ist ein Roadmovie. Das ist immer besonders anstrengend: Viele verschiedene Drehorte, viele Umzüge, viele Hotelwechsel, besonders flexibel und schnell reagieren auf die äußeren Umstände. Geplant war der Start in Halle, dann sollte es sich hinaufziehen über Lettland, Litauen, Karelien bis nach Murmansk. Dazwischen noch St. Petersburg und Kaliningrad. Wir drehten nicht chronologisch, wir fingen in Lettland an. Mika hat ein Gespür für besonders schöne, authentische Drehorte, wobei schön in Klammern zu setzen ist. Wir drehten in den russischen Slums, am Rigaer Markt und Flohmarkt. Wir drehten am Meer, an einem wunderschönen einsamen Strand, der so schön war, umgeben von Pinienwäldern, daß ich beschlossen habe, nach dem Drehtag eine Nacht allein im Aufenthaltsbus zu schlafen.

Ich ging am Meer entlangspazieren, ganz einsam, das Team war schon ins Hotel gefahren. Die Sonne ging unter, und ich ging durch den Wald zu dem Bus zurück. Hinter mir ging ein lettischer Mann, von dem ich nicht wußte, wer er war. Er versuchte, mich auf lettisch anzureden. Da ich wußte, daß die Letten große Säufer sind vorm Herrn und niemand zu sehen war, war mir etwas mulmig zumute. Ich war ganz forsch und habe ihm zu verstehen gegeben, daß ich kein Lettisch kann, habe versucht, ganz selbstsicher aufzutreten. Er ging aber weiter hinter mir her, und mir schien, er wolle mir in diesen Wagen folgen. Da drehte ich mich um und machte eine vernichtende Handbewegung und sagte: »No.« Der Mann stand wie ein begossener Pudel da, drehte sich um und ging weg. Dann habe ich es mir auf der Liege bequem gemacht und habe ein Buch gelesen.

Zum Glück hatte ich genug zum Anziehen dabei, denn in der Nacht wurde es empfindlich kalt. Auf einmal, zwei Stunden später, klopfte es wieder an der Tür. Mittlerweile war es ganz dunkel, man hat kaum etwas gesehen. Ich habe mich erschreckt, mache die Tür auf, steht wieder dieser Mann dort und deutet nur völlig verschüchtert zum Stromaggregat, der noch immer lief, und meinte: »Aggregat aus?«

Erst da habe ich gemerkt, daß der arme Mann der Mensch war, der auf das Stromaggregat aufpassen sollte, und nicht nach Hause gehen konnte, weil ich gesagt hatte, er dürfe es noch nicht ausschalten. Er harrte da aus in der dunklen Nacht, bis Fräulein Wiener sich bequemte, ihm die Genehmigung zu erteilen. Thank you. Good night.

KOCHEN FÜR TOBIAS MORETTI

Als ich das erste Mal für ihn gekocht hab, wollte ich genau wissen, was er haben mag. Er wollte Pasta mit Tomatensauce. Und wie machst du die Pasta, habe ich gefragt. Wann tust du die Nudeln ins Wasser, wie lange? Und die Tomatensauce? Mit welchen Tomaten? Schwitzt du erst Zwiebeln an, nimmst du Chili, welche Gewürze? Hackst du den Knoblauch, oder zerdrückst du ihn? Ich wollte ihm die Pasta genau so machen, wie er sie am liebsten hat.

Und er hat alles beantwortet. Hat sich wohl gedacht, ich könne gar nicht kochen, wenn ich so doof frage. Ich habe ihm seine Pasta gemacht, genau wie er sie wollte. Dann hat er gesehen, daß die anderen keine Pasta bekommen, sondern unter anderem Eiernockerln, was er auch sehr mag. Da wollte er lieber das andere essen – was mich gefreut hat.

Das Nette mit Moretti war, daß er so geduldig war mit jemandem, der nicht kochen konnte. Es war einfach so nett, daß er sozusagen mir neben seiner Schauspielerei gleich noch Kochen beibringen wollte. Das war sehr sympathisch. Und dann war er mir sowieso sympathisch, weil er gerne gut ißt. Es macht immer Spaß, jemanden zu bekochen, der gerne gut ißt, der durchaus kritisch ist, aber auch keine Hemmungen hat, asiatische oder indische oder karibische Sachen zu probieren, oder der vegetarische Gerichte genausogern ißt wie Fleisch. Das ist selten. Ich meine, daß eine offene Meinung in Lebensmitteln und Essen immer auch für einen offenen Geist spricht.

INDEM Sarah Wiener mich unter Ausnutzung einer persönlichen Bekanntschaft, welche immer an der Grenze zur Freundschaft steht, genötigt hat, ein Rezept preiszugeben, tue ich das hiermit, wenn auch unwillig, weil ich es als Liebhaber und Vollstrecker der einfachen und feinen Küche zutiefst verabscheue, wenn sogenannte Prominente sich erdreisten, in diesem für sie fremden Revier zu wildern. Die folgende Speise ist leicht nachzukochen, so daß sich auch der alleinstehende Zeitbürger schnell etwas Gutes zubereiten kann.

PASTA AL LIMONE

(Zutaten für 4 Personen, aliquot hinab- und hinauszurechnen)
500g Pasta (Cecco oder hausgemachte Bandnudeln
der schmalen, feineren Art)
2 Landeier
1 Damenhandvoll frisches Basilikum, zerhackt
Salz, grob geriebener Pfeffer
ein wenig olio piccante (Peperoncinoöl)
Olivenöl extra vergine
1 Knoblauchzehe, frisch
1/2 Limette, zur Not Zitrone
1 Stück frischer Parmesan (oder Grana)

Das Nudelwasser aufstellen und wie gewohnt kurz vor dem Kochen Salz und etwas Öl hinzugeben. Währenddessen mit einem Mixer in einer kleinen Plastikschüssel die Eier, Salz und

Pfeffer schaumig schlagen und peu à peu den frisch geriebenen Parmesan, Olivenöl, Peperoncinoöl dazugeben, so daß eine schaumige, appetitliche Konsistenz entsteht. Basilikum hineingeben.

Dann den Limettensaft hineinpressen, wobei immer zu beachten ist, daß weniger Geschmack oft mehr bedeutet, weil sonst das Zitronenaroma zu dominant werden kann. Die al dente gekochten Nudeln abgießen, nicht abschrecken. Die Hälfte der Zitronenmasse in den Nudeltopf geben, die Pasta drauf, den Rest der Masse dazu, schwungvoll vermengen und alles zum Servieren auf eine vorgewärmte Spaghetti-Platte geben. Daß ein leichter Weißer, an Werktagen mit etwas Wasser gespritzt, dazu paßt, versteht sich von selber.

Wenn das montessoripädagogisch gebildete Kind in seinem Hungertrieb zum Anarchisten wird, kann man auf den letzten Vorgang verzichten und im Topf servieren.

Tobias Moretti

ESSEN MIT DANIEL SPOERRI

Das allererste »Event« für Daniel habe ich gemacht bei der »Vakanz '98«. Das war ein zweiwöchiges Festival in Vorarlberg, in Schwarzenberg, das fand nur alle drei Jahre statt, lief immer unter einem anderen Titel. Beim ersten Mal war er »Holz«, beim zweiten Mal »Mahlzeit«. Auf der grünen Wiese ist ein Zelt aufgebaut worden, weltweit wurden Köche eingeladen, und jeder durfte einen Abend für achtzig bis hundert Gäste gestalten. Da kamen zum Beispiel Eckart Witzigmann und Adria Ferran und Ho-Fu-Lung, ein ganz toller chinesischer Koch, der authentisch chinesisch gekocht hat. Dazu gab es Vorträge, Filme, darüber wurde ein Film gedreht, ein Buch gemacht. Ich war die einzige, die zweimal kochen durfte, einmal bei der Eröffnung mit Ingrid, Vorarlberger Schmankerln. Da wir beide keine Vorarlbergerinnen sind, sind wir sehr kreativ gewesen. Eine Woche später Daniel Spoerris Palindromisches Travestie-Menue.

Ich habe ihn nach allem gefragt: Welche Form soll die Serviette haben, wie willst du das eingedeckt haben, wie willst du die Dekoration haben, wie findest du es, wenn das Schwein einen Apfel im Maul hat oder Petersilie? Mit der Zeit habe ich mitbekommen, daß er speziell auch mir künstlerische Freiheiten läßt. Er liefert die Idee, und wir realisierten sie zusammen.

Ich habe dann nicht nur für ihn gekocht, sondern bei anderen Gelegenheiten auch Supervising gemacht. Zum Beispiel im

MAK, im Museum für Angewandte Kunst in Wien, war die große Wiener Aktionisten-Ausstellung »Out of Action«. Einen Tag davor haben wir für vierhundert Leute ein Spoerri-Bankett gemacht und nannten es Arm-Reich. Das war sehr schön. Daniel Spoerri hat bewiesen, daß der Satz von Stéphane Mallarmé »Un coup de dés jamais n'abolira le hasard« (Ein Würfelwurf wird niemals den Zufall abschaffen) stimmt. Die Einladungskarten für das Bankett waren durchnumeriert, die mußtest du kaufen. Vor dem Essen hat Daniel ein Mädchen zum Schiedsrichter bestimmt. Das Mädchen hat gesagt: Was nun kommt, soll arm sein. Dann würfelte es eine Drei, das heißt, alle Gäste, deren Eintrittskarten eine ungerade Zahl hatte, waren arm, alle mit gerader Zahl waren reich. Dann sind die Leute in einen Saal geführt worden. Da war eine lange Tafel gedeckt. Arm und Reich saß sich gegenüber, die einen saßen auf Goldstühlen, die anderen auf Biertischbänken, die einen haben von Emaille-Blech-Geschirr gegessen, die anderen von teurem Porzellan. Die Reichen haben eine gedruckte Speisekarte in Gold bekommen, die Armen einen billigen, abgerissenen Zettel mit der Speisenfolge. Es gab für jeden gleich viele Gänge; also zum Beispiel der erste Gang: Da haben die Armen eine Graupensuppe bekommen, mit geräucherten Schweineohren, die anderen eine Tomatenconsommée mit feinen Klößchen. Zum Nachtisch haben die Armen frische Kirschen und Marillen und Biscottini bekommen (hart gebackene Kekse), die anderen ein süßes, zweifarbiges Mousse. Die Armen haben offenen Wein gekriegt und sind von Heurigenpersonal bedient worden oder von Kellnern, die aufgekrempelte Ärmel hatten und dick waren, robust. Die anderen kamen in Formation in den Saal, steif und perfekt geschult, und haben Château-Weine, Bordeaux-Weine kredenzt gekriegt. Der Gag war, daß – zumindest meiner Meinung nach – das arme Essen eigentlich viel besser war als das reiche.

Irgendwann fingen die Armen an, wie im Knast mit dem Besteck gegen das Blechgeschirr zu trommeln. Wir saßen in einer riesigen Halle, und das hallte alles, und die Leute haben Spaß gehabt und haben sich gegenseitig das Essen weggefuttert. Es war ein gelungener Abend.

Ich habe Supervising gemacht, das heißt, ich habe das Essen ausgesucht, die Speisekarte gemacht, das Blechgeschirr ausgesucht, die Kellner eingewiesen, das reiche Essen probiert. Obwohl … halt! Das war das einzige, was ich nicht probiert habe. Ich mußte dem Caterer sagen, daß der bitte das arme Essen probekochen soll. Der konnte nicht verstehen, warum ich immer das Arme probieren wollte. Ja, natürlich, weil das viel schwieriger ist, es mußte authentisch sein. Die meisten Caterer können nicht wirklich gut authentisch, einfach kochen. Graupensuppe, Innereien und solche Dinge. Das sind Sachen, das können die meisten nicht gut. Die können zwar Ente à l'orange mit Kartoffelcreme im Teigmantel oder so 'n Blödsinn, aber so ganz simple Sachen, die eigentlich am köstlichsten sind, können solche Chichi-Köche meist nicht. Das sind Gerichte, die muß man mit Liebe und Aufmerksamkeit kochen. Da gibt es kein richtiges Rezept – das ist Gespür. Es war sehr lustig, denn das mußte man denen erst nahebringen, daß die Petersilie nicht gepudert geschnitten sein soll und daß Karotten klobig in Stücke geschnitten sein sollen und nicht à la Julienne, fein. Das war eigentlich das Schwierigste.

Es gibt einen Event, den wollt ich schon immer gern machen. Im Casino sagt man: »Rien ne vas plus, les jeux sont faits.« (»Nichts geht mehr, die Spiele sind gesetzt.«) Daniel hat daraus gemacht: »... les œufs sont faits.« (»Die Eier sind fertig.«) Da wurde im Schwarzen Kamel in Wien, einer alten Restaurantinstitution, ein Croupier engagiert und ein richtiger Spieltisch aufgestellt. Die hatten einen wunderschönen alten Weinkeller; der wurde halb leer geräumt. Jeder Gast hat ein paar Jetons geschenkt bekommen, weitere mußte er zukaufen, und er konnte dann eine Zeitlang am Roulette-Tisch spielen.

Einwechseln konntest du die Jetons nur in Essen. Es gab nur Speisen mit Ei. Es gab auch Fischeier – natürlich –, also Kaviar (wenn du ganz viel gewonnen hattest). Dann Eiersalat, gefüllte Eier. Wenn du ganz wenig gewonnen hattest, hast du ein gekochtes Ei gekriegt oder ein Spiegelei. Du hast aber auch Eierschmarrn bekommen, Eiernockerln; alles halt mit Eiern. Manche haben viel gewonnen, die haben dann ihren Cholesterinschock gekriegt. Die anderen mußten zuschauen oder hoffen, daß die anderen großzügig sind, denn sie hatten alles verspielt. Das war sehr lustig. Wenn jemand viel gewonnen hat, hat er sich mit Eiern sozusagen angefressen. Und die anderen mußten zuschauen.

Ich nehme mit, wer sich in meiner Firma gerade anbietet und mitkommen will. Natürlich habe ich auch meine Vorlieben. In Polen hatte ich zwei Polen als Küchenhilfe. Manchmal nehme ich auch einen zweiten Koch mit, je nachdem. Bei einem kleinen Team muß eine fahrbare Küche reichen, du brauchst ja sonst wieder einen Fahrer, der das andere Auto fährt, mußt es an den Strom anschließen, laden, verräumen. Wenn du Drehortwechsel hast, ist das sehr anstrengend. Wenn der Wagen steht und ausgepackt ist, ist es nicht so ein Problem. Das Problem fängt an, wenn es heißt: so, Drehschluß. Deine Küche schaut aus wie ein Schweinestall. Das ist so, als müßtest du eine ganze Küche immer verräumen und riegelfest verschließen und stapeln und abfedern und sichern und aufräumen, damit das Zeug, wenn du dich in die Kurve legst, nicht herumfliegt.

Allerdings haben wir öfters einen Lieferwagen dabei. Früher hatten wir das nicht, da hatten wir nur einen Wagen. Heute haben wir in der Regel den Lieferwagen dabei, um flexibel zu sein, Getränke extra zu lagern oder einkaufen zu gehen. In Litauen und Lettland hatte ich mein Rad mit, mit zwei Körben, einer vorne, einer hinten, und dann bin ich oft mit dem Radl einkaufen gefahren.

Wichtig ist, daß man ein Gespür hat für die Leute. Du mußt wissen, wann sie hungrig sind, du mußt aber auch wissen, wann sie Pause haben und tatsächlich etwas essen können. Es nutzt nichts, wenn du einen tollen Snack machst, die können aber nicht essen, weil sie gerade eine schwierige Szene drehen, und sind nur »pissed off«, weil sie Hunger haben, und du stehst daneben und sagst: »Na ja, jetzt wird es kalt, Pech gehabt.«

Ich habe in der Regel einen guten Riecher. Manchmal haut es natürlich nicht hin, ich muß schon sehr konzentriert sein, aber eigentlich, wenn ich koche, wenn ich Catering mache, bin ich unbewußt mit meinem Team verbunden. Und dann weiß ich, ob die jetzt was gebrauchen könnten oder wollen. Und in neunzig Prozent der Fälle komme ich genau richtig. Manchmal auch etwas zu oft, besonders in der ersten Zeit. Aber wenn sie merken, ich lasse sie nicht verhungern, sind sie viel entspannter (manchmal werden sie allerdings auch dicker).

Es gibt bei mir kaum einen Plan. Ich gehe in den Supermarkt und auf Märkte und schaue, was es da gibt. Gerade im Ausland schaue ich auf den Märkten. Je länger das geht, schaue ich nach bestimmten Sachen, weil ich sie vermisse, zum Beispiel Lamm oder Sojabohnenkeimlinge, Tofu, alles Sachen, die du schwierig kriegst. Koriander, Kokosnußmilch. Wenn ich dann ein paar Wochen lang zu österreichisch und mediterran gekocht habe, weiß ich, jetzt wird es langsam langweilig, jetzt möchten alle mal etwas anderes essen, so wie man nach ein paar Wochen mal wieder thailändisch essen gehen will oder chinesisch. Ich esse eigentlich nie mit, weil ich immer so viel vorher nasche, daß ich dann, wenn Mittagessen ist, satt bin. Ich esse eigentlich immer ein paar Gäbelchen. Ganz selten esse ich auch mit, dann fällt das auf, und alle sagen: Ah, die Köchin ißt mit. Manchmal läuft mir das Wasser im Mund zusammen, weil ich es gelungen finde, was ich gekocht habe, aber ich esse es nicht, weil es so wenig ausschaut, oder es ist zu knapp, oder es ist zu besonders, oder ich will lieber, daß das Team es ißt. Ich esse dann das Lob ...

SARAHS ERSTER KUCHEN

Wenn ich schon die ganze Zeit Gemüse schnipsle, könnte ich ja eigentlich auch mal etwas anderes probieren, habe ich gedacht. Dann habe ich so zugeschaut – das war eine Miniküche, außer mir nur der Koch –, und das kam mir alles relativ einfach vor, also manches, nicht alles! Ich hatte schon immer eine große Leidenschaft, die ich auch heute noch habe: Mehlspeisen. Also habe ich angefangen, Kochbücher zu lesen, hab natürlich nach Kuchen geschaut, und dann stand da: Nüsse, Eier, Zucker abschlagen und ab ins Rohr. Das, dachte ich, könnte ich ja eigentlich mal probieren. Gesagt, getan. Und der Kuchen wurde etwas. Der war super, er war wahrscheinlich nicht perfekt, aber ich war ergriffen und erstaunt, wie problemlos und einfach Backen geht. Wenn dieser Kuchen nichts geworden wäre, wäre ich vielleicht nie Köchin geworden.

WIENER MEHLSPEISEN FÜR BERLIN

Mein erstes Unternehmen hieß »Sarah Wieners Mehlspeisen«. Ich hatte mit einer Freundin die Idee, vormittags in der »Exil«- Küche Kuchen und Strudel und Torten zu backen und die nachmittags zu verkaufen. Klingt relativ unprofessionell, wir hatten aber großen Erfolg. Christiane hatte genauso ein Faible für Mehlspeisen wie ich, obwohl sie ganz dünn war und sehr gesund gelebt hat. Das war unsere Gemeinsamkeit.

Wir haben ein paar Haushaltsringe gekauft – wir hatten ja auch kein Geld –, waren im Supermarkt die Zutaten einkaufen und haben anschließend gebacken. Wir hatten uns vorgestellt, wir laden die fertigen Mehlspeisen in Christianes alten Renault ein, fahren von Café zu Café – also, wir sind eigentlich nur dorthin gefahren, wo wir schon mal waren, was uns gefiel, also quer durch Berlin – und liefern eine Probe ab, ein Stück. Dann können die Leute uns sagen, wieviel sie in den nächsten Tagen ordern wollen.

Wir kamen nicht weit. Die Leute haben uns die Sachen aus den Händen gerissen. Selbst die angeschnittenen Kuchen haben sie uns alle abgekauft. Unser Kundenstamm war nie groß. Der erste verkaufte Kuchen war die Hälfte von einem Drasenhofener Gugelhupf, den hatte ich nach dem Koch im »Exil« benannt, der kam aus Drasenhofen. Dafür bekam ich zehn Mark, und diese zehn Mark habe ich jahrelang aufgehoben, weil sie mein erstes, selbständig verdientes Geld waren.

Leider war die Firma zum Scheitern verurteilt, weil wir nicht einmal einen Anrufbeantworter hatten. Es gab damals kein Handy, kein E-Mail. Die Leute mußten versuchen, uns irgendwie zu erreichen. Die meisten Restaurants haben erst am Nachmittag angerufen. Aber wir waren wahnsinnig stolz auf unseren Erfolg und unsere Selbständigkeit.

ZERRISSENE GERMNUDELN

50 dkg Mehl

3 Eidotter

7 dkg Butter

Salz

1 Würfel Germ

1/3 l lauwarme Milch

3 EL Zucker

Rosinen, in Rum eingeweicht

Zimt

Germ in der Milch auflösen, Zucker dazugeben, mit etwas Mehl verrühren und gehen lassen. Das restliche Mehl mit den Eidottern, Butter und Salz leicht vermengen, das Germgemisch dazugeben und daraus einen nicht zu festen Teig schlagen.

Den Teig ca. 1 Stunde gehen lassen, danach locker in eine gebutterte Serviette schlagen. Die Serviette leicht zubinden und in einen Topf in den Dampf hängen. Die Serviette darf nicht naß werden! Den Knödel nach ungefähr 40 Minuten im Dampf herausnehmen.

Reichlich Rindsschmalz (Butterschmalz) in der Pfanne schmelzen, den Knödel mit zwei Gabeln grob zerreißen, in die Butter geben und Rosinen dazutun, die man zuvor in Rum eingeweicht hat. Mit reichlich Butter und Zimt abschmecken.

Eventuell auch geriebene Walnüsse darunterstreuen. Dazu ein der Saison entsprechendes Kompott.

DAMPFBUCHTELN (SLAWONIEN)

250 g Mehl

1/5 l lauwarme Milch

10 g Germ

50 g Zucker

60 g Butter

2 Eigelb

Salz

Vanillesauce:

6 EL kalte Milch

20 g Zucker

2 Eigelb

1 TL Speisestärke

Mark von einer Vanilleschote

1/4 l kochende Milch

Mehl in eine Schüssel sieben, in der Mitte eine Vertiefung, von der Milch 2 Eßlöffel abnehmen, den Germ in einer Tasse mit zwei Teelöffeln Zucker darin auflösen und dann in die Vertiefung schütten, mit etwas Mehl bestreuen und die Schüssel mit einem Tuch abdecken und an einem warmen Ort aufgehen lassen. Die restlichen Zutaten zugeben und gut abschlagen, bis sich der Teig von der Schüssel löst. Erneut aufgehen lassen, bis der Teig das doppelte Volumen erreicht hat. Nochmals durchkneten und dann auf ein bemehltes Brett stürzen.

Gleichmäßige Stücke abschneiden, rund formen und in eine gebutterte Pfanne, die ca. 0,5 cm hoch mit Milch bedeckt ist, setzen. Die Buchtelwände mit flüssiger Butter bestreichen, damit sie nicht zusammenkleben. Nochmals aufgehen lassen und im vorgeheizten Rohr bei 190 °C ca. 30 Minuten hellgelb backen.

Für die Vanillesauce in die kalte Milch Zucker, Eigelb, Speisestärke und Vanille einrühren. Diese Mischung in die kochende Milch gießen und aufkochen. Die Buchteln stürzen und mit der Vanillesauce servieren.

Ich fülle die Buchteln auch gern mit Marillenmarmelade oder Bowidl. Hmmmm!

MOHNKUCHEN

150 g Butter

150 g Puderzucker

6 Eigelb

50 g gemahlene Haselnüsse

150 g Mohn, gequetscht

6 Eiweiß

Zitrone, Vanille

Butter mit Zucker schaumig rühren, Eigelb, Nüsse und Mohn
hinzufügen, geschlagenes Eiweiß unterheben, mit Zitrone und
Vanille abschmecken, bei 175 °C 30 Minuten lang backen.

Das ist eigentlich eine böse Geschichte, die mag ich gar nicht erzählen. Im Internat gab es ein Mädchen, Sieglinde Drohner*, die konnten wir nicht leiden. Die war einfach so doof, die hast du auf den Arm genommen oder du hast sie verbal sekiert, und sie hat es nicht kapiert. Sie war so dumm, daß wir ein Experiment mit ihr gemacht haben. Es gab köstliche Marillenknödel zur Nachspeise im Internat, die gab's nicht oft, das war unsere liebste. Marillenknödel mit in Butter gerösteten Semmelbröseln.

Wir haben der Drohner erzählt, daß der Rekord im Klößeessen bei 24 Stück liegt. Und daß sie diejenige sei, die den Rekord brechen könnte. »Drohner, du schaffst das«, haben wir gesagt. Sie hat sich also hingesetzt und losgespachtelt. Und wir haben von allen Nachbartischen im Speisesaal die übriggebliebenen Knödel geholt. Eine Traube hat sich um die Drohner gebildet. Sie stopfte einen Knödel nach dem anderen hinein. Schon nach vier oder fünf Stück hat sie gesagt: »Och, jetzt konn i nimma«, aber wir haben sie angefeuert: »Doch, du schaffst es.« 24 hat sie natürlich nicht erreicht, aber neun oder elf hat sie runtergewürgt. Das Absurde an der Geschichte ist: Wir waren selber ganz wild auf die Knödel!

(* Name geändert)

MARILLENTOPFENKNÖDEL

200 g Butter

2 Hände voll Zucker

8 Eier

1 Schluck Rum

Vanillezucker, Zitronenzeste

Prise Salz

1/2 Handvoll Zucker

1 1/2–2 Kilo Topfen

Marillen, Erdbeeren oder Zwetschgen,

je nach Saison

Würfelzucker

Semmelbrösel, Zucker

Butter mit Zucker sehr schaumig rühren. Acht Eier teilen, die
Dotter einzeln drunterschlagen, ein bißchen Vanillezucker, ein
bißchen Zitronenzeste, einen Schluck Rum unterrühren, den
Schnee extra mit einer Prise Salz und einer halben Handvoll
Zucker sehr steif schlagen. Topfen und die Hälfte des Schnees
unter den Teig heben, ca. fünf Handvoll grobe Semmelbrösel
hinzugeben. Dabei muß man bedenken, daß die Brösel noch
nachziehen, man muß also vorsichtig sein. Am Ende die zweite
Hälfte Schnee unterheben. Den Teig eine Stunde ruhen lassen.

Man nimmt ein wenig Teig, füllt ihn mit einer halben Marille,
einer Erdbeere oder einer Zwetschge, je nach Saison; wenn

die Früchte nicht süß genug sind, gibt man noch einen halben Würfelzucker dazu, formt einen Knödel darum, wirft ihn für zwanzig Minuten in siedendes Salzwasser, hebt die fertigen Knödel vorsichtig heraus, wälzt sie in gezuckerten Semmelbröseln, die man zuvor in der Pfanne goldbraun geröstet und gezuckert hat (3/5 Brösel auf 2/5 Zucker), und serviert sie, bedeckt mit Staubzucker, und, wenn man mag, auf einem Butter- oder einem Fruchtmusspiegel.

MAXIMILIAN-PALATSCHINKEN

Diese Palatschinken sind eine Hommage an Maximilian Schell, den man zu jeder Tages- und Nachtzeit während Dreharbeiten mit einer Marillenmarmeladen-Palatschinke aufheitern kann. Das funktioniert allerdings nur, wenn sie besonders gelungen ist, das heißt, sie muß die richtige Konsistenz haben, sehr dünn sein, und sie muß reißen und darf nicht zu zäh sein. Und die Marillenmarmelade darf nicht zu süß sein. Am besten, man macht sie selber.

Marillenmarmelade:
1/2 kg Marillen
150 g Zucker
1 Vanilleschote
evtl. ein Schluck Rum – noch besser: Marillen-
schnaps oder Marillenlikör

Sehr reife österreichische Marillen gut waschen, trocken-tupfen, in einem Reindl auf kleiner Flamme mit ein bißchen Zucker kochen. Mehrfach gut umrühren, so daß nichts an-brennt, und warten, bis die Marillen anfangen zu safteln. Dann noch einmal zehn, fünfzehn Minuten köcheln lassen und am Schluß einen Schluck Marillenschnaps(-likör) hinein. Die Mar-melade kühl lagern und in den nächsten ein, zwei Wochen bald verzehren. Sie kann nicht lang aufbewahrt werden, weil sie zuwenig Zucker enthält.

Es fällt mir schwer, ein genaues Palatschinkenrezept nieder-
zuschreiben, da ich selber seit Jahrzehnten Palatschinken aus
dem Handgelenk schüttele. Es kommt auf die Qualität des
Mehles an, auf sein Alter, wieviel Stärke es enthält, es kommt
auf die Größe der Eier an und auf den Fettgehalt der Milch –
daher nur eine vage Angabe.

Palatschinken:
1/2 kg Mehl
5 Eier
1 bis 1 1/2 l Milch
1 Prise Salz

Die Zutaten mit einem Schneebesen verrühren, so daß es einen
zähflüssigen Teig ergibt. Zusätzlich 1/8–3/8 Liter Milch in den
Teig rühren. Ich mache die Probe mit der Schöpfkelle. Der
Teig muß über den Rücken der Schöpfkelle leicht, aber nicht
zu flüssig fließen. Teig zwanzig Minuten ruhen lassen und noch
einmal umrühren. Man nimmt eine beschichtete Pfanne oder
eine Eisenpfanne, erhitzt darin ein bißchen Butter oder Butterschmalz oder Margarine, gießt mit der Schöpfkelle ein
wenig Teig in die Pfanne und verteilt den Teig mit einer Handbewegung auf dem Boden. Vorsicht: Teig darf nicht zu dick
sein. Je dünner, desto besser. (Die erste Palatschinke wird
nichts, die opfert man immer dem Nachspeisen-Gott.)
Eine Minute warten, Palatschinke wenden, entweder mit Bra-
tenschieber oder in der Luft. Dann nehme ich einen Suppen-

löffel, gebe ein wenig Marillenmarmelade auf die untere Hälfte der Palatschinke und rolle sie locker ein. Ich siebe ein wenig Staubzucker darüber und serviere die Palatschinke mit Messer und Gabel. Köstlich! Ich könnte davon sofort zehn Stück essen.

TORTEN BACKEN

Eine große Schwierigkeit bei den Mehlspeisen und beim Kuchen- und Tortenbacken ist die Temperatur des Ofens. Viele Leute probieren das Rezept aus, es geht daneben, und sie fragen sich, warum? Es ist mir einmal auch so gegangen.

Vor vierundzwanzig Jahren wollte ich unbedingt eine Wiener Sachertorte backen, was sowieso kaum geht, denn für eine original Wiener Sachertorte braucht man eine bestimmte Glasur. Man muß die Schokolade auf einem Marmortisch tablieren, und das ist sehr aufwendig. Für eine Hausfrau ist das fast ein Ding der Unmöglichkeit. Ich wollte es so gut machen, wie ich konnte.

Ich habe damals für ein österreichisches Kaffeehaus Kuchen gebacken, bevor ich mich selbständig gemacht habe, und habe also vier Sachertorten auf einmal gebacken. Sie kamen aus dem Rohr, und als ich sie aus der Form nahm, sah ich, daß sie unten am Tortenboden so ein merkwürdiges Gelee hatten. Sie sind nicht ordentlich aufgegangen. Ich habe sie angeschnitten, aber es war ein Desaster. Also habe ich die vier Torten genommen und in den Mülleimer geschmissen und habe vier neue Torten gemacht.

Kaum waren diese Torten aus dem Rohr, habe ich gesehen, daß es genauso war wie bei den ersten Torten. Sie waren schon wieder mißlungen. Auch diese vier Torten sind im Mülleimer gelandet. Dann habe ich zum letzten Mal probiert, mit aller Liebe und Sorgfalt den Teig zu rühren, den Schnee besonders steif zu schlagen, die Schokolade wohltemperiert abkühlen zu lassen, das Mehl gesiebt, habe es wieder ins Rohr geschoben, und nach eineinhalb Stunden kamen schon wieder Torten raus, die nicht geglückt sind. Und auch diese sind in der Mülltonne gelandet.

Darauf habe ich meine Experimente in Sachen Sachertorte eingestellt und so einen Heidenrespekt vor der Sachertorte gehabt, daß ich mich nie wieder rangewagt habe. Jahre später habe ich entdeckt, daß es gar nicht am Teig lag, sondern an der Temperatur des Backofens. Die Oberhitze war zu stark und die Unterhitze zu schwach. Das sind Dinge, die muß man als Laienbäcker einfach wissen. Bei Torten und Kuchen und Strudel macht ein wesentliches Ding die Temperatur im Rohr aus. Wenn die stimmt, ist mehr als die Hälfte gerettet.

An dieser Stelle möchte ich noch ein Geheimnis lüften, über das schon Generationen von Hausfrauen gerätselt haben: Warum ist mein Kuchen speckig? Das liegt daran, daß die Unterhitze zu gering ist. Beim Mürbeteig bildet sich ein Kondenswasser. Dadurch, daß die Oberhitze zu heiß ist, bildet sich zu schnell eine Kruste, das Wasser kann nicht entweichen und bleibt am Boden sitzen. Das sieht man dann als typischen Fettrand im Teig. Es hat, so wie ich früher gedacht habe, nichts damit zu tun, daß ich den Teig zu wenig oder zu schlampig geschlagen hatte.

GUTE ALTE NUSSTORTE

250 g Haselnüsse (kleingeschnitten, nicht gestoßen)

250 g geriebene Mandeln

Vanillezucker

250 g Zucker (fein gestoßen)

14 Eigelb (kleine)

10 Eischnee

Nüsse, Zucker und Eigelb mit dem Rührbesen eine halbe Stunde rühren, Eischnee unterziehen, zwei gleiche Tortenblätter und Ringe (die Torten dürfen nicht zu dick sein, weil Kuchen sonst leicht speckig) mit Butter bestreichen, je zur Hälfte auffüllen, bei gelinder Hitze backen, auf ein Gitter stürzen. Wenn die beiden Kuchenhälften ganz kalt sind, mit Limonen- oder Pomeranzen-Marmelade bestreichen, die zwei Hälften aufeinandersetzen und mit derselben Marmelade überziehen.

SARAH PACKT FÜR CHRISTO EINE LIWANZE EIN

Alle Stars, alle Berühmtheiten, Schriftsteller, Musiker, Maler,
alle sind ins »Exil« gegangen. Es gab ja nichts. Damals stand
ja noch die Mauer. Da war kulinarische Einöde in Berlin. Ich
weiß noch, daß auch Christo damals kam. Da war er noch
nicht so bekannt, aber ich kannte ihn. Da habe ich sein Dessert
verpackt, eine Liwanze. Das ist ein böhmisches Dessert. Mit
einem blauen Müllsack und einer Paketschnur. Daraufhin
brachte er mir am nächsten Tag ein Plakat von ihm mit einer
Widmung.
Er hat normal bei uns gegessen, und dann habe ich gedacht,
ach, das ist dieser Verpackungskünstler. Da habe ich ihm sein
Dessert verpackt. Das ist fast fünfundzwanzig Jahre her, das
war noch lang, lang vor der Verhüllung des Reichstags.

LIWANZEN

250 g Mehl

30 g Germ

ca. 200 ml warme Milch

40 g Zucker

1 Prise Salz

2 Dotter

1 EL flüssige Butter

Zeste

2 Eiklar

Butter oder Butterschmalz

ca. 100 g Bovidl

Staubzucker

Mehl in eine Schüssel geben, in der Mitte eine Kuhle machen, den Germ hineinbröseln und mit einem Drittel der Milch zermanschen, darüber etwas Mehl vom Rand stäuben, mit einem sauberen Hangerl zudecken und an einem warmen, windgeschützten Ort ca. 15 Minuten gehen lassen, bis sich Risse im Teig melden. Inzwischen Butter auf dem Herd zerlassen. Zucker und restliche Milch erwärmen, zum Teig dazugeben, Eier hinzugeben, alles zu einem dickflüssigen Teig schlagen.

An einem warmen Ort mindestens 30 Minuten gehen lassen.

In einer speziellen Liwanzenpfanne in jede Kuhle einen Löffel Butter oder Butterschmalz erhitzen. Mit einer Schöpfkelle Teig

in die Pfanne geben und die Liwanzen von jeder Seite 3 Minuten backen. Warm oder kalt servieren.

Dazu passen sehr gut Apfelkompott, Apfelmus, Beeren-
kompott oder ein Klecks Bowidl (Pflaumenmus) und Vanille-
schmand.

POST

Ich bekomme immer wieder reizende Briefe von Gästen, die mir schreiben, daß sie in meinem Restaurant das beste Essen ihres Lebens gegessen haben. Darunter sind auch Leute, die mir mitteilen, daß sie extra nach Berlin gereist sind oder solche, die möchten, daß ich für ihre Hochzeit koche. Das rührt mich sehr. Hin und wieder kommen aber auch Beschwerden. Ein Gast findet den Spargel zu lätschert, ein anderer den Fisch zu glasig oder das Fleisch zu roh. Das darf einen als Koch nicht verwirren – jeder hat seine ganz eigenen Vorlieben, und im Restaurant zählt einzig und allein der Geschmack des Gastes. Natürlich geht auch uns ab und zu etwas daneben – das ist ärgerlich, aber überall wo Menschen arbeiten, passieren Fehler. Und Fehler zu machen verstehe ich als Ansporn, zu lernen und besser zu werden.

Einmal musste ich aber doch sehr lachen. Ich erhielt einen Brief von einem entrüsteten Herrn. Darin stand, daß er in meinem Restaurant einen Cappuccino bestellt hatte, allerdings nicht, um ihn zu trinken. Er zückte seine Stoppuhr, um herauszufinden, wie lange sich der Milchschaum in der Kaffeetasse halten würde. Es waren anderthalb Minuten. Für einen perfekten Cappuccino: eindeutig zu kurz!

MEIN ERSTER GAST IM »SPEISEZIMMER«

Ich bin ja ein bißchen abergläubisch. Ich hab immer geschaut, wer mein erster Gast ist. Ich habe auch die ersten zehn Mark, die ich mit einem halben Ölgugelhupf verdient habe, aufgehoben und gerahmt, bis ich sie nach Jahren plündern mußte, weil ich da nicht einmal zehn Mark gehabt hab.

Als das »Speisezimmer« fertig war, und wir hatten den ersten Tag offen, war ich voller Neugier: Wer wird mein erster Gast sein? Kurz nachdem wir aufgemacht haben, ging die Tür auf, und es kam ein sehr sympathischer Anzugträger ins »Speisezimmer« – da hatten wir ja noch diese drei Tische aneinander, längs gestellt, es gab nur eine einzige große Tafel –, und er setzte sich an den Kopf von dieser großen Tafel, was ich ganz mutig fand, daß der so ganz allein an diesem riesigen Tisch Platz nahm, weil es ja noch die drei anderen kleinen Tische gab, und bestellte sich was zu essen. Damals gab es noch keine Speisekarte, es gab nur eine Tafel an der Wand, auf der die Gerichte standen; wir haben so ganz reduziert angefangen. Und Preise gab es auch nicht. Für den ersten Tag hatte ich mir überlegt, daß alle Gäste sich einen eigenen Preis aussuchen dürfen. Der Mann aß, war ganz angetan vom Essen und fragte nach dem Preis, und ich hab gesagt, das kann er sich selbst aussuchen, und er zahlte 33,33 Mark, eine Glückszahl, was ich als gutes Omen genommen habe. Und auch, daß der Mensch so sympathisch war. Das war Thomas Heilmann. Erst nach Monaten habe ich herausgefunden, wer das war.

MEIN ERSTER GAST IN »MUTTER UND SCHRAUBE«

Der erste Restaurantleiter war Mutti, und ich war Schraube, damit man gleich klar sieht. Es war klar, daß er die Mutter war, weil er ja vor Ort war, und ich die Schraube, was ja auch zu mir paßt. Schreckschraube.

Wir haben uns das Restaurant angeschaut, und ich fand es schön, weil es so etwas Alt-Wienerisches hat. Es hatte eigentlich etwas Ur-Berlinerisches, das war ja auch mal eine ganz alte Bierrestauration, da haben sich wohl Wien und Berlin getroffen. Nachdem ich etwas ganz Neues gebaut hatte im »Speisezimmer«, selbst entworfen, fand ich es als Gegensatz sehr schön, etwas ganz Altes zu haben, etwas, was schon über hundert Jahre existiert. Ich habe dort nichts geändert. Ich habe nur die Möbel reingestellt. Wir haben den Garten gestaltet, wir haben den begrünt, aber im Prinzip haben wir gar nichts verändert. Wir haben ein großes Eröffnungsfest gemacht.

Wir passen uns den Orten an, an denen wir kochen. In »Mutter und Schraube« kommen andere Leute als in den Hamburger Bahnhof. Da muß man sich kulinarisch anpassen. In »Mutter und Schraube« gibt es bodenständige Küche. Es gibt immer ein paar Speisen, die Kinder besonders leiden mögen, alles ist weniger experimentell.

Der erste Gast war eine Schulklasse. Da gab es Laugenbrezeln, die hatten wir extra gemacht. Die Schule hatte vorher angerufen, wir haben alle Tische zusammengeschoben, und sie haben ihre Laugenbrezeln mit Butter gefuttert. Eigentlich darf

bei mir der allererste Gast ja immer selber entscheiden, wieviel er bezahlen möchte, das ist sozusagen Wienersche Tradition, im »Speisezimmer« eingeführt. Die Schulklasse war der
einzige erste Gast, der sich leider nicht den Preis aussuchen
konnte, weil die schon vorher angerufen haben und sich angemeldet hatten. Aber, wie ich finde, ein würdiger, passender
erster Gast.

MEIN ERSTER GAST IM »SARAH WIENER«

Als ich das »Sarah Wiener« im Hamburger Bahnhof eröffnet habe, war ich natürlich wild darauf zu wissen, wer mein erster Kunde sein würde. Da ich eben ein bißchen abergläubisch bin, habe ich meinen ersten Gast immer als Omen angesehen, sozusagen als Wegbereiter künftiger »Beglückungen«. Ich hatte schon Befürchtungen, da kommt jetzt irgendwer hereingestolpert, irgendein Dödel. Und dann dachte ich, vielleicht sollte ich meinen ersten Gast schnell »faken« und einen Freund anrufen und sagen: Komm vorbei und sei mein erster Gast. Aber das darf man nicht. Dann ging tatsächlich die Tür auf. Herein kam der Sammler Dr. Marx mit einem Milliardär aus Amerika, dessen Namen ich vergessen habe. Ein älterer distinguierter Herr mit einem noch älteren distinguierten Herrn und seiner jungen schönen Frau. Das war natürlich super. Die haben sich auftischen lassen, die Speisekarte rauf und runter. Auch da war es wie immer am ersten Tag: Jeder konnte sich seinen eigenen Preis aussuchen. Das hat ja Tradition. Da habe ich 200 Euro gekriegt oder so. Das war das beste Omen, was ich mir wünschen konnte: Geld und Kunst. Das war natürlich super. Da war mir klar, aus meinem Restaurant wird was.

TÖPFERL, KOCH!

Ein paar Sachen mußten bei uns immer im Haus sein. Dazu gehörten Grießbrei-Zutaten: Grieß, also Hartweizengrieß, und Milch. Rote Marmelade war auch sehr beliebt, die hat man dann am Ende untergerührt und roten Grießbrei gemacht. Das war schon köstlich. Aber ich habe ihn auch mit Zucker und Zimt gemacht, bis der Zucker geschmolzen ist. Ich konnte immer wunderbar verstehen, daß man davon nicht genug kriegen kann, da gibt es doch dieses Märchen mit dem Grieß, der dann überkocht. Es wird immer mehr und mehr, und es läuft über, der Grießbrei läuft dann durchs ganze Haus. Artur, mein Sohn, ißt heute noch Grießbrei. Könnte ich ihm jeden Tag machen, manchmal schon zum Frühstück. Erst heute früh habe ich Kamutgrieß mit Soja- und Mandelmilch gekocht. Gesüßt habe ich mit Jaggery, das ist Kokosnußzucker, dazu ein Apfelbirnenkompott. Tja, alte Gewohnheiten.

Übrigens, mein »Lieblingsbreimärchen«:

Es war einmal ein armes, frommes Mädchen, das hat mit seiner Mutter allein gelebt, und sie haben nichts mehr zu essen gehabt. Da ist das Kind in den Wald hinausgegangen, und dort ist ihm eine alte Frau begegnet. Die hat den Jammer des Kindes schon gewußt und hat ihm ein Töpferl geschenkt, zu dem sollt es sagen: »Töpferl, koch!« Dann kocht's guten, süßen Grießkoch, und wenn es sagt: »Töpferl, steh!«, dann hört's wieder auf zu kochen.

Das Mädchen hat den Topf seiner Mutter heimgebracht; jetzt waren sie nicht mehr arm und haben nimmer Hunger gehabt und süßes Grießkoch gegessen, sooft sie wollten.

Einmal aber ist das Mädchen fortgegangen, da hat die Mutter gesagt: »Töpferl, koch!« Da kocht es, und sie ißt sich satt. Nun will sie, daß das Töpferl wieder aufhören soll, aber sie weiß das Wort nicht. Also kocht es fort, und der Grießkoch steigt über den Rand hinaus und kocht immerzu, die Küche voll und das ganze Haus voll und das zweite Haus voll und die ganze Straße voll, als wollt's die ganze Welt satt machen, und ist die größte Not, und kein Mensch weiß sich da zu helfen.

Endlich, als nur noch ein einziges Haus übrig war, da ist das Kind nach Haus gekommen und spricht nur: »Töpferl, steh!« Da steht es still und hört auf zu kochen. Aber wer wieder in die Stadt hat hineinwollen, der hat sich durchessen müssen.

GRIESS-TOPFENSCHMARREN

1 l Milch

15 dkg Grieß

3 Dotter

8 dkg Zucker

50 dkg Topfen

1 dkg Rosinen (evtl. Nüsse)

3 Eischnee

5 dkg Butter, zerlassen

Milch mit Grieß zu Brei einkochen und auskühlen lassen. Restliche Zutaten zugeben (zum Schluß den Schnee) und in der zerlassenen Butter backen. Dazu mache ich gern Zwetschgenröster.

ZWETSCHGENRÖSTER

Reife Zwetschgen mit wenig Zucker, etwas Wasser und Rotwein ca. 20 Minuten weichkochen. Zimtstange und etwas Orangenzeste mitkochen. Der Zwetschgenröster sollte nicht zu flüssig sein.

GRIESSBREI

1/4 l Milch
60 g Hartweizengrieß
1 EL rote Ribiselmarmelade

Grieß mit der Milch aufkochen lassen, gut umrühren, bis der Grieß stockt, Marmelade dazu – fertig.

GRIESSBREI DE LUXE

60 g Vollkorngrieß
1/4 l Sojamilch
Agavendicksaft
Mandelmilch

Vollkorngrieß in der Sojamilch aufkochen und umrühren, bis es andickt, vom Herd nehmen, mit Agavendicksaft und Mandelmilch abschmecken. Dazu habe ich am liebsten ein Apfelbirnenkompott im Winter, im Sommer ein Marillenkompott oder einfach Heidelbeeren.

BEERENFRUFRU

Beeren (Johannis-, Erd- oder Himbeeren
oder gemischte Beeren)
Zucker
Topfen
Sahne oder saure Sahne oder Joghurt oder
Schmand (oder von jedem ein bißchen)
Vanillezucker
Zucker
Zitronenzeste

Beeren zuckern, damit sie Saft lassen. Inzwischen Topfen mit
saurer Sahne, süßer Sahne, Schmand oder Joghurt vermischen,
wie man eben mag, es darf nur nicht zu geil werden. Vanillezucker, Zucker, Zitronenzeste dazu, die Beeren unterrühren,
kalt stellen – fertig.

SCHOKOLADENTARTE

175 g Mehl

125 g Butter

30 g Vanillezucker

20 g Zucker

1 Eigelb

150 g Zartbitterschokolade

50 g weiße Schokolade

20 g Butter

2 Eier

1 Eigelb

50 g Zucker

Mehl, Butter, Zucker, Ei verkneten und abgedeckt ca. 30 Minuten kalt stellen. Auf leicht bemehlter Arbeitsfläche etwas größer als eine Tarteform (30 cm ø) ausrollen. Gefettete Form damit auslegen. Rand andrücken, Teig mit Backpapier und Trockenerbsen belegen. Im vorgeheizten Backofen bei 200 °C etwa 10 Minuten backen. Herausnehmen, Backpapier und Hülsenfrüchte entfernen, Boden ca. 10 Minuten weiterbacken.

Schokolade und Butter schmelzen. Restliche Zutaten im Wasserbad schaumig rühren, Schokomischung zugeben. Auf dem Teig verteilen. Bei 200 °C ca. 10 Minuten backen. Abkühlen lassen. Kalt stellen. Eventuell mit Karamelsauce, Mokkabohnen und Vanilleeis anrichten.

GLOSSAR

1/10 dkg	10/100 Gramm
Bowidl	Pflaumenmus
Germ	Hefe
Grießkoch	Grießbrei
Kren	Meerrettich
Marillen	Aprikosen
Obers	Schlagsahne
Palatschinke	Pfannkuchen, Eierkuchen
Pomeranzen	Orangen
Reindl	Bratpfanne
Ribiselmarmelade	Johannisbeermarmelade
Topfen	Quark
Vogerlsalat	Feldsalat
Zeste	Zitronen- oder Orangenschale

DANK

Ich danke meinen Eltern für meine funktionierenden Ge-
schmacksnerven, Ingrid, daß sie mir gezeigt hat, was Kochen
noch alles sein kann, und all meinen Gästen, Kunden und
Filmteams, die von meinen Tellerchen gegessen haben.